日本語の歴史

A History of the Japanese Language

山口明穂
鈴木英夫
坂梨隆三
月本雅幸

東京大学出版会

A History of the Japanese Language

Akiho YAMAGUCHI *et al.*

University of Tokyo Press, 1997
ISBN978-4-13-082004-2

目次

序

日本語がいつ頃から使われたかは分からない。『魏志倭人伝』のなかには「卑弥呼」「壱与」の人名のほか、次のような数語の日本語を記録した箇所がある。

卑狗（長官）　卑奴母離（副官）　爾支（官）　泄謨觚・柄渠觚（副）　兕馬觚（官）　多模（官）

弥弥（官）　弥弥母離（副）　噫（応答の声）

このような記録があるのであるから、このようなことばが当時使われていたのは確かといってよいであろう。しかし、このような記録から当時の日本語の体系はどうであったかになると、とても推測できない。正倉院に伝わる「正倉院文書」は全体としては膨大な量になるが、そこに記される多くは地名・人名である。最近、土地の開発にともない各地から多くの埋蔵資料が出土する。それらのなかにも、日本語を記録した文字がある。しかし、それらもまた、地名・人名がほとんどで、断片的な言語資料であることに変わりがない。日本語の体系的な姿を知るにはとうてい至らないものである。ある時代の人たちが自分たちの生活をどのようなことばで営んでいたかを知るのは、かなりの程度の言語記録が必要なのである。そして、それを満たしてくれる最も古い文献が八世紀末に編纂された『万葉集』である。

熟田津尓船乗世武登月待者潮毛可奈比沼今者許芸乞菜　（『万葉集』一・八）

は、これだけでは何を書いてあるのかは分からない。しかし、『万葉集』には四千余首の歌が収められており、全部の用例を通して判断することで、「世」はサ変動詞の「せ」、「可奈比」は動詞「かなひ」、「武」「沼」はそれぞれ助動詞の「む」「ぬ」、「尓」「登」「毛」はそれぞれ助詞の「に」「と」「も」に当てられていることが分かる。漢字本来の意味を離れ、仮名文字（「万葉仮名」という）のように使っているため分かることで、動詞・形容詞・助動詞・助詞の用法も含めて、どのようなことばがどのように使われていたかが分かるようになるのである。そして、日本語の体系が捉えられることになる。

『万葉集』以前に編纂された『古事記』（和銅五年〈七一二〉）・『日本書紀』（養老四年〈七二〇〉）という歴史書が現存し、これにも豊富な量の言語が記録されている。しかし、これらの資料は漢文で書かれていることに問題がある。たとえば、さらに古く書かれた聖徳太子の十七条の憲法の「以和為貴」の四字は、現在、「和を以て貴しとす」と訓読されるが、当時、はたしてそう読まれたかどうか実証できない。字音読みであったかもしれない。このように漢文で書かれたものであると、どういう読み方で読んだかの指示がないかぎり、読み方が確定できず、日本語の資料とはなりにくいのである。『古事記』『日本書紀』の場合も同様である。

日本列島に人が住みはじめて以来、日本語の祖先にあたるようなことばが使われていたと想像することはできる。しかし、それが分からない以上、日本語の最も古い時期を八世紀末の『万葉集』の時期に置かざるをえないことになる。

日本語の時代区分は次のように分けるのが一般である。

奈良時代　奈良時代は和銅三年（七一〇）に都が平城京に置かれて以後、延暦十三年（七九四）の平安遷都までをいうが、奈良時代以前をもこの時代に含めて考えることにする。さきに述べたとおり、古い時代のことばは資料も断片的に見られるだけであり、詳しい姿を知ることは難しいが、奈良時代になるとまとまった量の資料も見られるようになり、ことばの大体の姿を知ることができるようになる。主に都の大和地方のことばであるが、『万葉集』のなかには東国の歌も含まれ、それを通して都以外の東国のことばについてもその一端を知ることができる。

平安時代　平安遷都以降、鎌倉に幕府が開かれるまでの時代である。この時代に仮名文字が創案され、宮廷を中心にして、従来の和歌だけでなく、物語・日記・随筆など、すぐれた作品がたくさんに残された。この時代、公的には漢字・漢文が使われ、私的には仮名文字・仮名文が使われていた。そして、漢字・漢文は男性のものとされ、女性が使うものではないとされていた。

平安時代の末期（院政期）には『今昔物語集』などの説話に、それまでとは異なることばが見られるようになった。そこで、この院政期を次の鎌倉時代のなかに入れ、院政鎌倉時代という時代区分の考えられることもある。しかし、当時の人びとには、その新しいことばは興味の対象になるだけで、その姿勢はそれまでと変わらない。そこで、院政期は平安時代のなかに入れて考えることにする。

鎌倉・室町時代　建久三年（一一九二）に鎌倉に幕府が開かれて以後、室町時代をへて慶長八年（一六〇三）に江戸に幕府が開かれるまでの間をいう。それまでの王朝貴族に代わって武士が政治の中心についた時代である。

鎌倉時代は平安時代のことばを受け継いだ文語が中心であった。そのため、この時代のことばには前代との違いがないようにも見える。しかし、細かく見れば、前代とは種々の点で異なっている。武士の力が強まり、その影響がことばのうえにも及んだということもあったであろう。また、ことばの中心が都にあったといっても、そこには日本各地からの人の出入りがあったであろうし、その影響があったこともあろう。しかし、その機構はまだ十分には解明されていない。

室町時代になると、抄物、キリシタン資料など、いわゆる口語資料が見られるようになり、それまでとは大きく変わったことばが見られるようになる。格助詞や接続関係を表わす語の使用例も増え、現代語とかなり近いことばも見られるようになる。

江戸時代　江戸に幕府が開かれて以後、慶応四年（一八六八）までの間をいう。元禄（一六八八―一七〇四）に上方を中心に文化が盛んになるが、宝暦年間（一七五一―六四）になると江戸語の資料が見られるようになり、それまでと異質なことばが現われる。そこから、この時代を前期上方語の時代と後期江戸語の時代とに分けることができる。しかし、初期の江戸語には上方語の影響も大きい。江戸語としてのことばが見られるようになるのは文化年間（一八〇四―一八）に入って以後である。

現代（明治・大正年代を「近代」、昭和以後を「現代」と区分することもできる）　明治以降は西欧文化からの影響も大きくなる。教育も普及し、東京語を基調とする共通語が広まることになる。言文一致の運動も始まり、口語体の文章も書かれ、新しい文体が行なわれるようになるなど、ことばの近代化もいちだんと進む。

この時代区分は、政治史的区分とさして変わらない区分であるが、政治の変化は社会体制の変化であり、それが言語文化に影響するのか、ことばの変化をうまく区分する結果になっている。

このような区分のほかに、江戸時代に富士谷成章（一七三八―七九）は『あゆひ抄』（安永二年〈一七七三〉成）のなかで次のような時代区分を示した。

上つ代　　開闢より光仁天皇まで（七八一年まで）

中昔　後、花山天皇までの二〇五年間（九八六年まで）
中頃　後、後白河院までの一七二年間（一一五八年まで）
近昔　後、四条院までの八四年間（一二四二年まで）
をとつ世　後、後花園院までの二二二年間（一四六四年まで）
今の世　後、今まで

成章は和歌を中心に用語・歌体の変遷をもとに時代区分をしているが、ことばの変遷を考える場合にも大いに参考になる点がある。しかし、現在は成章の示したものよりも、さきに示した区分が一般的である。

奈良時代語から現代語まで全体を、古代語・近代語に二分する方法もある。この分け方は、いつ、平安時代語の体系が崩れたか、あるいは今と共通する点が見られるようになったかを問題とする。

(1)　終止形・連体形の合一化する、平安時代末期から鎌倉時代初期を近代語の始まりとする
(2)　係結《かかりむす》びの乱れる、(1)と同じ時期を近代語の始まりとする
(3)　言文二途となる、(1)と同じ時期を近代語の始まりとする
(4)　格助詞の体系化の行なわれる、室町時代を近代語の始まりとする
(5)　接続表現の語の増加する、(4)と同じ時期を近代語の始まりとする

(1)は、連体形が文末機能をもつようになる平安時代末期から鎌倉時代初期ということになる。平安時代語は末期にそれまでと異なる姿を見せるようになり、これを古代語の終焉期と考えるのは一理ある考え方である。(2)は、(1)によって連体形終止の係結びの機能が表現のうえでの意味を失った結果のことである。(3)は、平安時代は、物語などでの地の文と会話文との間の語法上の差がなく、言文一致の時期であるが、鎌倉

時代以降、文章は平安時代の伝統に従ったのに対し、話し言葉は変化し、その結果、言と文とが乖離し、言文二途になったとするものである。

以上、(1)～(3)では、平安時代語の規範が確立し、それが守られている時期を「古代語」とし、それの崩れる時期を「近代語」の時期とするものである。

(4)(5)は、室町時代の口語資料のなかで見られるものである。室町時代、キリシタン文献や抄物のなかには、現代語と似た文法スタイルを示すものがある。現代との年代的な隔たりは約四百年ほどあるが、近代語というにふさわしいとする考え方である。とりわけ、格助詞・接続語は文の論理的関係を示すものであり、その意味でも近代語の条件にかなうとする。

第一章　奈良時代

奈良時代は普通には和銅三年（七一〇）に都が平城京に移ってから、延暦十三年（七九四）の平安京遷都までの八十年余をいうが、ここでは便宜的に平城京遷都以前をも必要に応じて含めて述べることとする。

日本語の起源については、十九世紀末に系統論の観点からその問題提起がなされて以来、今なおさまざまな論が行なわれており、決着を見ない。しかし、中国の史書に「卑奴母離」（鄙守『魏志倭人伝』、三世紀）のような日本語の単語が見えることや、金石文に見える万葉仮名表記の和語の例、さらに奈良時代の文献に残されている前代の言語の姿から考えても、かなり早くから日本語として成立していたことが知られる。

奈良時代は政治的・文化的には唐という近隣の大国に模範を求め、それに日本を近づけようと努力した時代であった。律令制度の導入、戸籍の作成、都城の建設などと並んで史書の整備が行なわれ、『古事記』『日本書紀』『風土記』により神話、伝説、歴史が漢文や当時の日本語によって記録された。また仏教の隆盛にともない、大量の漢文文献が学僧たちの手によって書写、作成されている。また、文学関係の文献としては『万葉集』がきわめて重要な位置を占め、この時期の日本語の姿を知るのに最も多く利用されている。しかしながら、奈良時代の日本語の姿をくまなく知ることは容易でない。『万葉集』は韻文の文学作品であり、日常の会話や散文からすでに一定の距離のあったものであることは否定できない。奈良時代の散文の姿を今に残している資料は少なく、藤原宮や平城京をはじめとする遺跡から大量に発掘されている木簡などの新資料によってもこの空白を埋めることは容易ではない。

一　音韻

上代特殊仮名遣

奈良時代の文献は前述のようにしばしば万葉仮名を用いて表記されたが、たとえば『万葉集』では「恋」という語は「古比」「古非」「古飛」「故非」「故悲」「孤悲」と記される。また、「衣」という語は「己呂母」「去呂毛」「許呂毛」「許呂母」と書き表わされている。ここで「こひ」の「こ」、「ころも」の「こ」に着目すると、前者は「古・故・孤」、後者は「己・去・許」の万葉仮名で書き記されており、前者と後者とでは使用される万葉仮名のグループがたがいに異なり、入れ替わることはない。また同様に「子・駒」などには「恋」と同じグループの万葉仮名が使用され、「心・腰・事・言・声」などには「衣」と同じグループの万葉仮名が用いられている。このような万葉仮名の語による書き分けは「こ」のほか、「き」「け」「そ」「と」「の」「ひ」「へ」「み」「め」「よ」「ろ」「ぎ」「げ」「ご」「ぞ」「ど」「び」「べ」にある。また、『古事記』〈和銅五年〈七一二〉〉にはさらに「も」にも書き分けのあることが知られている。このような奈良時代およびそれ以前の万葉仮名の書き分けを「上代特殊仮名遣《かなづかい》」と呼ぶ。

上代特殊仮名遣は万葉仮名の表わす各音節の発音の差を反映していると見られる。つまり、前の例についていえば、「恋」と「衣」では「こ」の発音が異なっているということになる。この二種の「こ」をそれぞれコの甲類・乙類という。こうして、これらを五十音図にあてはめると、奈良時代の日本語の音節の種類は次のように八七種類となる。

ア	イ		ウ	エ(衣)		オ	
カ	キ甲	キ乙	ク	ケ甲	ケ乙	コ甲	コ乙
サ	シ		ス	セ		ソ甲	ソ乙
タ	チ		ツ	テ		ト甲	ト乙
ナ	ニ		ヌ	ネ		ノ甲	ノ乙
ハ	ヒ甲	ヒ乙	フ	ヘ甲	ヘ乙	ホ	
マ	ミ甲	ミ乙	ム	メ甲	メ乙	モ(甲)	(モ乙)*
ヤ			ユ	エ(江)		ヨ甲	ヨ乙
ラ	リ		ル	レ		ロ甲	ロ乙
ワ	ヰ			ヱ		ヲ	
ガ	ギ甲	ギ乙	グ	ゲ甲	ゲ乙	ゴ甲	ゴ乙
ザ	ジ		ズ	ゼ		ゾ甲	ゾ乙
ダ	ヂ		ヅ	デ		ド甲	ド乙
バ	ビ甲	ビ乙	ブ	ベ甲	ベ乙	ボ	

＊ モの甲乙の区別は『古事記』のみにある。

上代特殊仮名遣の甲類乙類の差は、橋本進吉[1]により母音の相違とされた。橋本は甲類を現在と同じ［i］（イ列）［e］（エ列）［o］（オ列）、乙類を［ï］（イ列）［əi］または［æ］（エ列）［ö］（オ列）とした。このように考えれば奈良時代語の母音体系は八母音ということになり、このいわば八母音説が広く行なわれたが、近年では、イ列・エ列はむしろ子音に関係する差であり、オ列は音韻論的には同一のものであるとして、奈良時代においても五母音体系が行なわれていたとする考え方（松本克己[2]）なども提出されている。

なお、ア列・ウ列の母音は現在のものと同じ［a］［u］であろうと考えられている。

子音の音価　カ行、ガ行の子音はそれぞれ［k］［g］であろう。サ行、ザ行については定説を見ない。サ行は［s］［ts］［ʃ］などが考えられ、また「サ」と「シ」では子音が異なるというように、後続の母音によって子音は別であったかともされる。ザ行もこれに対応して［z］［dz］［ʒ］などが想定されている。タ行、ダ行の子音はそれぞれ［t］［d］であった。チ、ツ、ヂ、ヅも［ti］［tu］［di］［du］であった。ナ行子音は［n］、マ行子音は［m］、ヤ行子音は［j］、ラ行子音は［r］、ワ行子音は［w］と見られる。ハ行子音は両唇摩擦音の［Φ］であり、［h］ではなかった。またこの［Φ］はさらに遡っては［p］に由来するものとされている。

音節結合の法則　奈良時代およびそれ以前においては、同一結合単位（語幹・語根）内における母音の共存に関する次のような制限があったことが知られている。

一、オ列甲類音とオ列乙類音とは、同一結合単位内に共存することがない。

二、ウ列音とオ列乙類音とは、同一結合単位内に共存することが少ない。とくに二音節の結合単位については

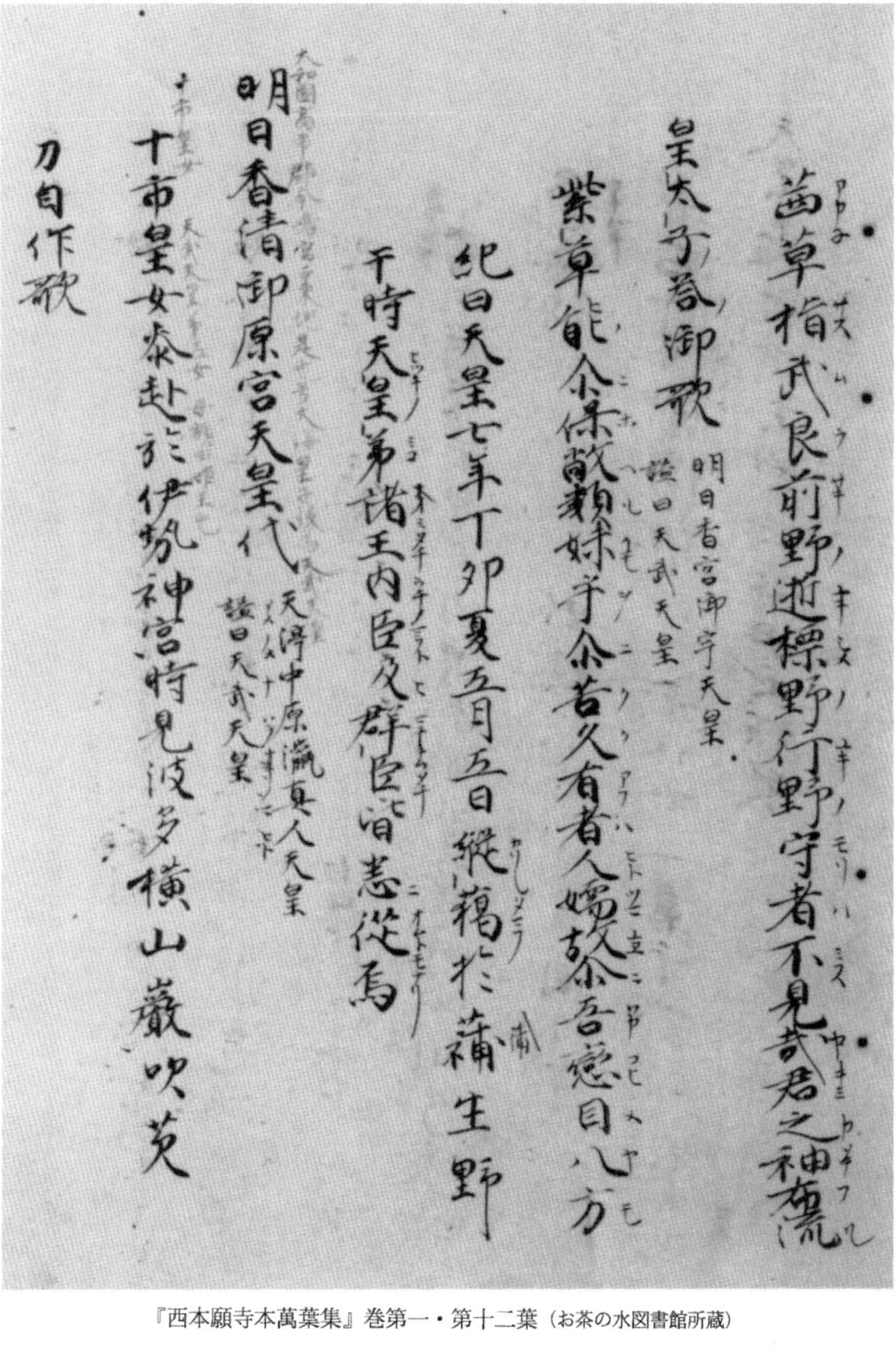

『西本願寺本萬葉集』巻第一・第十二葉（お茶の水図書館所蔵）

例外がない。

三、ア列音とオ列乙類音とは、同一結合単位内に共存することが少ない。

これら三つの制限は、当時の母音が〔ア列・ウ列・オ列甲類〕と〔オ列乙類〕という二つのグループに分かれ、同一結合単位内ではたがいに他のグループの母音とは共存しない傾向をもっていたことを示している（またイ列甲類はこれらのどちらとも共存する）。このような現象は、トルコ語やフィンランド語に見られる母音調和の痕跡とされ、日本語が系統論的にアルタイ諸言語に属することの根拠とされてきた。

頭音法則と母音の連続

このほか、奈良時代語には次のような音節の配置に関する制限のあったことが知られている。

一、母音の単独音節は語頭以外には立たない（語中・語尾に単独の母音音節はない）。

二、ラ行音は文節のはじめには来ない。

三、濁音は文節のはじめには来ない。

右の三点を頭音法則という。また、奈良時代語では母音節が連続することを避ける傾向が強かった（このことは頭音法則の一と密接に関係する）。このため、とくに複合語が形成される場合、後項（後の要素）の第一音節が母音音節であるときには次のようなことが生じた。

四、前項の末尾の母音が脱落する。

荒海 → 安流美

五、後項の冒頭の母音が脱落する。

離れ磯 → 波奈礼蘇

六、連続する二つの母音が融合して別の母音を形成する。

(ア) i＋a→e　咲きあり → 左家理

(イ) a＋i→ë　長息 → 名毛伎

(ウ) ö＋i→ï　大石 → 意悲志

七、子音とくに［s］が挿入される。

春＋s＋雨 → 波流佐米（ハルサメ）

これらはいずれも母音の連続を避けようとしたものと見られる。

二　文　字

日本には固有の文字はなく、漢字の伝来を待ってはじめて文字の使用が始まった。日本に漢字が伝来したのはいつのことであるか、よく分からない。漢字を記した金属製品の古い例としては一世紀前半の中国の貨幣である「貨泉」が西日本で出土しており、また西暦五七年のものかとされる「漢委奴国王」の金印（福岡県志賀島出土）などがあるが、これらの漢字を当時の日本人が解読・理解していたわけではなく、漢字の伝来と見なすことはできない。

『古事記』では応神天皇の時代に百済の和邇吉師が「論語十巻　千字文一巻」をもたらしたとし、また『日本書紀』は応神天皇十六年に百済の王仁が来たり、太子菟道稚郎がこれを師として典籍を習ったとする。この応神天皇十六年は西暦二六五年に相当し、実年代としては西暦四〇〇年頃になるとされる。これらの記事がどれだけ事実にもとづいているかは確認できないが、このころに朝鮮半島から漢字や漢文の伝来があったことは確かであろうと思われる。

当初、漢字の書記は大陸からの渡来人たちの手によったものであろうが、やがて日本人のなかにも漢字や漢文の理解・書記に習熟する者が現われたと考えられる。漢字は日本に伝わった発音（漢字音・字音）によって読んだが、やがてその漢字の意味に相当する日本語（たとえば「山」に対する「やま」）でも読むようになった。そして逆に「やま」という日本語を漢字で表記する際に「山」の字を用いるようになり、漢字と日本語の間に緊密な対応関係が発生した。この日本語としての読みを和訓（訓）という。

漢字によって日本語を表記しようとする際に問題となるのは、読み手に書き手の意図した読み方が伝わらない恐れがあることであった。それは漢字一字に対応する読みが複数考えられるからである。そこで漢字をその字義とは無関係に発音のみを用い、日本語を表記する用法が行なわれるようになった。これが万葉仮名である。万葉仮名は当初、文中の固有名詞を表記するのに用いられた。たとえば「稲荷山古墳出土鉄剣銘」（埼玉県行田市出土、四七一年か）では、

辛亥年七月中記。乎獲居臣上祖名意富比垝。其児多加利足尼。其児名弖已加利獲居。其児名多加披次獲居。其児名多沙鬼獲居。其児名半弖比。〔下略〕

（辛亥の年七月中記す。ヲワケの臣　上つ祖名はオホヒコ。其の児　タカリのスクネ。其の児　名はテヨカリワケ。其の児　名はタカハシワケ。其の児　名はタサキワケ。其の児　名はハテヒ。）

のように「ヲワケの臣」の歴代の名を万葉仮名で記している。

日本語を万葉仮名で表記することは、当初の固有名詞から助詞・助動詞、さらには自立語にも及び、最終的に

は文中の全音節をそれぞれ一字の万葉仮名によって表記するようになる（一字一音表記）。したがって、『万葉集』の歌について見れば、

東野炎立所見而反見為者月西渡　（一・四八）

（ひむかしののにかぎろひのたつみえてかへりみすればつきかたぶきぬ）

のような表記形態をもつものは万葉仮名を用いていないので古く、

安良多末能等之由伎我敝理波流多々婆末豆和我夜度尓宇具比須波奈家　（二〇・四四九〇）

（あらたまのとしゆきがへりはるたたばまづわがやどにうぐひすはなけ）

のようなものは新しい表記形式であることがわかる。

また、次のような表記形態がある。これは宣命や祝詞に見られるもので、自立語の類を大字で表記し、付属語・接尾辞・活用語尾の類を小字の万葉仮名で右寄せに記している。これを宣命体または宣命書きと呼ぶ。このような表記形式が存在したことは、大字で書かれる語と小字で書かれる語を意識して区別していたことを示している。

聞看食国中乃東方武蔵国尓自然作成和銅出在止奏而献焉。此物者天坐神地坐神乃相于豆奈比奉福波倍奉事尓依而顕久出多留宝尓在羅之止奈母神随所念行須。（『続日本紀』宣命、第四詔）

（聞し看す食国中の東の方武蔵国におのづからに成れる和銅出でたりと奏して献れり。此の物は天に坐す神地に坐す神の相うづなひまつり福はへまつる事に依りて顕しく出たる宝に在るらしとなも神ながら念ほしめす。）

これは奈良時代に入ってから成立したもので、七世紀末の文献では右の付属語の類も大きな字で記していたこと

が知られている。

万葉仮名は、その発音が字音にもとづくもの（音仮名）と和訓にもとづくもの（訓仮名）に大別される。さらに、

一、ア　一字一音節の音仮名　阿　以　宇

イ　一字二音節の音仮名　見兼（見けむ）　鍾礼（時雨）　越女（乙女）

二、ウ　一字一音節の訓仮名　蚊　木　来

エ　一字二音節の訓仮名　忘金鶴（忘れかねつる）　夏樫（懐かし）

オ　二字一音節の訓仮名　五十日太（筏）　鳴呼児乃宇良（英虞浦）

カ　二字二音節の訓仮名　十六自物（鹿じもの）

キ　その他　色二山上復有山者（色に出でば）

のように分類することができる。ただし基本は右のうちア、イ、ウであって、エ以降は『万葉集』における文学的意識または諧謔的趣味の所産であり、実用的なものではなかったと考えるべきであろう。

三　語　法

代名詞

奈良時代における代名詞の体系は次のようなものである。

一人称	二人称	三人称 近称	三人称 中称	三人称 遠称	不定称
あ(わ)	な	こ	そ	か	た
あれ(われ)	なれ	これ		かれ	たれ
	まし		し		
	いまし	ここ	そこ		いづ
	みまし	こち			いづれ
	おれ				いづち
					いづく
					いづら

「あ」「わ」は文中では普通助詞をともなって用いられる。その場合は「が」であることが多い。以下、『万葉集』の用例はとくに断わらず、巻数・歌番号でもって示す。

魂はあしたゆふべに賜ふれど安我胸痛し恋の繁きに　（一五・三七六七）

和我宿に盛りに咲ける梅の花散るべくなりぬ見む人もがも　（五・八五一）

また、「あ」は「阿豆麻」（吾妻）（『古事記』中）のように名詞に直接する用法がある。これに対し、「あれ」「われ」は単独で主格に立つことが多い。「な」と「なれ」も同様である。

芝付の御宇良崎なるねつこ草相見ずあらば安礼恋ひめやも　（一四・三五〇八）

若鮎釣る松浦の川の川並のなみにし思はば和礼恋ひめやも　（五・八五八）

「こ」「そ」は、「この」「その」と「の」をともなって使われることが多いが、

霍公鳥許欲鳴き渡れ燈火を月夜になそへその影も見む　（一八・四〇五四）

のように「ゆ」「よ」「を」などの助詞をともなうこともある。

「し」は、

……いざ寝よと手を携はり父母も上は勿下り三枝の中にを寝むと愛しく志我語らへば　（五・九〇四）

のように「が」をともなって用いられる。「か」「かれ」の例は少ない。

右以外に反射指示（「それ自身」という意）の代名詞「おの」「おのれ」が用いられた。「おの」と「おのれ」の関係は、「あ」と「あれ」、「わ」と「われ」とのそれに等しい。

……何時しかも都を見むと思ひつつ語らひ居れど意乃何身し労はしければ　（五・八八六）

於能礼故罵らえて居ればあをうまの面高夫駄に乗りて来べしや　（一二・三〇九八）

「いまし」「みまし」「まし」は尊敬の意を含み、逆に「おれ」は軽侮の意をもつとされる。

動詞

奈良時代の動詞の活用の種類は、四段、上一段、上二段、下二段、カ行変格、サ行変格、ナ行変格、ラ行変格の八種類であり、下一段活用はまだ見られない。

動詞のなかには平安時代以降と活用の種類の異なるものがあった。

隠る（上代には四段・下二段の両形があったが、後世は下二段のみ）

帯ぶ　紅葉つ　など（四段、後世は上二段となる）

活用形の母音に甲乙二類の別がある場合、個々の活用形の音は次のとおりであった。

	未然形	連用形	終止形	連体形	已然形	命令形
四段活用	あ	い甲	う	う	え乙	え甲
上一段活用	い甲	い甲	い甲る	い甲る	い甲れ	い甲よ乙
上二段活用	い乙	い乙	う	うる	うれ	い乙よ乙
下二段活用	え乙	え乙	う	うる	うれ	え乙よ乙
カ変	こ乙	き甲	く	くる	くれ	こ乙

これによれば、たとえば四段活用において完了の助動詞「り」の接続する活用形は「咲けり」では「左家里」のように「け」が甲類であるから、伝統的にいわれていた已然形ではなく、命令形ということになるのである。

上一段動詞では助動詞「らむ」「らし」「べし」、助詞「とも」が下接する場合、次のような形をとることがある。

人皆の美良武松浦の玉島を見ずてやわれは恋ひつつ居らむ　(五・八六二)

晩蟬の鳴きぬる時は女郎花咲きたる野辺を行きつつ見倍之　(一七・三九五一)

乎布の崎漕ぎたもとほり終日に美等母飽くべき浦にあらなくに　(一八・四〇三七)

通常、これらの助詞・助動詞は動詞の終止形に接続するものであるが、上一段動詞「見る」などでは古く終止形が「見」のような形であったことを示すものと考えられる。

已然形が接続助詞をともなわず、条件を示すことがある。

……世の中は常無きものと語り継ぎながらへ伎多礼天の原ふり放け見れば照る月も満ち欠けしけり　〈順接〉

（一九・四一六〇）

大船を荒海に漕ぎ出でや船多気わが見し児らがまみは著しも　〈逆接〉　（七・一二六六）

また、已然形が直接係助詞に接する場合もある。

わが背子がかく恋礼許曾ぬばたまの夢に見えつつ寝ねらえずけれ　（四・六三九）

奈良時代には、活用語を名詞化するク語法が広範に用いられた。

梅の花夢に加多良久みやびたる花と我思ふ酒に浮べこそ　〈動詞〉　（五・八五二）

吾妹子に恋ふるに吾はたまきはる短き命も乎之家久もなし　〈形容詞〉　（一五・三七四四）

梅の花知良麻久惜しみわが園の竹の林に鶯鳴くも　〈助動詞〉　（五・八二四）

これらは四段活用では未然形に「く」、それ以外では終止形に「らく」が下接したものと説明されたこともあったが、連体形に「こと」の意の名詞「あく」が下接し、kataru＋aku→katarakuという母音の脱落が生じたとする説明が合理的である。「ク語法」は、平安時代以降は「曰く」「のたまはく」「おもへらく」などの限定されたものが形式的表現として伝えられた。

形容詞

奈良時代の形容詞の活用は次のようなものである。

	未然形	連用形	終止形	連体形	已然形	命令形
ク活用	け甲	く	し	き甲	け甲 け甲れ	○

シク活用	しけ甲	しく	し	しき甲	しけ甲 しけ甲れ	○

未然形の「け甲」「しけ甲」と已然形の「け甲」「しけ甲」は未分化で、両方に用いられた。

　別れなば宇良我奈之家武吾が衣下にを着ませ直に逢ふまでに　（一五・三五八四）

　あしひきの山来隔りて等保家騰母心し行けば夢に見えけり　（一七・三九八一）

このため、順接の条件表現の場合、仮定・確定条件がいずれも「〜けば」の形となり、その区別が不明確な場合もあった。そこで新たな已然形「け甲れ」「しけ甲れ」が作られたものと見られる。ただ、この形が遅く起こったためであろう、形容詞の場合、係助詞「こそ」の結びは連体形であった。

　海の底沖を深めて生ふる藻のもとも今こそ恋は為便無寸　（一一・二七八一）

連用形には「〜くは」の形で仮定条件を表わす用法があった。

　恋之久者形見にせよとわが背子が植ゑし秋萩花咲きにけり　（一〇・二一一九）

カリ活用はまだ十分に発達しておらず、

　紫草のにほへる妹を尓苦久有者人妻ゆゑにあれ恋めやも　（一・二一）

のように、「くあら」「くあり」「くある」「くあれ」と「連用形＋ラ変」の形で用いられることが多かった。カリ活用はku＋ara→karaのように、連用形活用語尾の母音uが脱落して成立したものである。

　形容詞の語幹はかなり自由に用いられ、「斯良多麻」（白玉）（『古事記』上）、「可奈思伊毛」（愛し妹）（『万葉集』一四・三五七七）のように名詞を直接修飾したり、「布刀斯理」（太知り）（『古事記』上）、「多迦由玖」（高行く）（同、下）のように連用修飾をしたり、また格助詞「の」「つ」をともなって「等保乃朝廷」（遠のみかど）

（『万葉集』五・七九四）、「等保追可牟於夜」（遠つ神祖）（同、一八・四〇九六）のように用いられる。

この時代には「名詞＋（を）＋形容詞語幹＋み甲」という形で「〜が〜なので」という原因・理由を表わす表現がある。

うつせみの命乎惜美浪にぬれ伊良虞の島の玉藻刈り食む　（一・二四）

この「み甲」はマ行四段活用動詞の連用形語尾と考えられる。

助動詞

助動詞としては、未然形接続として次の語がある。

「す」（尊敬）（四段型）

夕にはい倚り立たしし御執らしの梓の弓の中はずの音すなり朝猟に今立た須らし暮猟に今立た渚らし　（一・三）

「ふ」（継続）（四段型）　この語は、平安時代以降は一部動詞の語尾のなかに形が残るだけとなる。

つれもなき佐田の岡辺に帰り居ば島の御橋に誰か住儛む　（二・一八七）

「す・しむ」（使役）（下二段型）　この時代は「しむ」が一般であった。

人よりは妹そも悪しき恋もなくあらましものを思は之米つつ　（一五・三七三七）

「す」は次のような形で見られるが、平安時代以降は、この語と接続の関係で対になる「さす」の例は見られない。

二上の山に隠れるほととぎす今も鳴かぬか君に聞か勢む　（一八・四〇六七）

「ゆ・らゆ・る」（受身・自発・可能）（下二段型）

か行けば人に厭は延かく行けば人に憎ま延老よし男は斯くのみならしたまきはる命惜しけどせむ術も無し　（五・八〇四）

瓜食めば　子ども思ほ由　栗食めば　まして偲は由……　（五・八〇二）

天離る鄙に五年住まひつつ都の風習忘ら延にけり　（五・八八〇）

「ゆ」は平安時代以降の「る」にあたる機能をもつ。そして、「らる」にあたる語が「らゆ」であるが、この語は次の形でしか確実な例はない。

妹を思ひ眠の寝良延ぬに秋の野にさ男鹿鳴きつ妻思ひかねて　（一五・三六七八）

「る」の例は次のように見えるが、「らる」の例は見えない。

山菅の実成らぬことを我に寄そり言は礼し君は誰とか寝らむ　（四・五六四）

唐の　遠き境に　遣はさ礼　罷り坐せ　（五・八九四）

平安時代以降の例では、受身・自発・可能・尊敬の四つの意味に分けて捉えられるとするが、この時代は尊敬の意味で使われた例がない。

「ず」（打消）（特殊型）「ず」には「ず・に・ぬ・ね」の四つの形があるが、これは次の二系列の語が重なったためか。

○・ず・ず・○・○・○

○・に・ぬ・ぬ・ね・○

かくばかり恋ひつつ不レ有者高山の磐根し枕きて死なましものを　（二・八六）

「ずは」は古く「ずば」の形で「…ないならば」（この歌では「恋続けていないならば」となる）と解釈されていたが、ここに示したような意味の通らない例があるとして、それを本居宣長は「…するよりは」（「恋続けているよりは」とする）の解釈を示していた。それに対して橋本進吉は「ずは」と清音の形が使われていることをもとに、「は」は係助詞、「ず」は連用形であるとし、「恋続けていないで」の解釈を示した。[3] 拠るべき考えである。以下の例も同様である。

験なき物を思はずは（不レ念者）一坏の濁れる酒を飲むべくあるらし　（三・三三八）

「き」（過去）（特殊型）　現在の立場から過去にあったことを振り返って述べる語。現代語で過去を表わす文脈に使われる助動詞には「た」があるが、「た」で表わす場合、過去にあったことをいうが、それが今どうなっているかを述べることはない。「昨日六時に、家に着いた」といえば、それが「昨日六時に」起こったことはいうが、それが今どうなっているかまでを述べはしない。「き」の場合、過去にあって、それが今はなくなったの意味がこもる。

我妹子が植ゑ之梅の樹見るごとに心むせつつ涙し流る　（三・四五三）

故人となった「我妹子」を悼む歌である。ここに「し（き）」が使われたのは、過去に「植ゑ」ただけでなく、「植ゑ」た「我妹子」が故人となり、取り返せない事態であるからでもある。次も同じである。

恋しくは形見にせよと我が背子が植ゑ之秋萩花咲きにけり　（一〇・二一一九）

秋さらば妹に見せむと植ゑ之萩露霜負ひて散りにけるかも　（一〇・二一二七）

それぞれ「我が背子」「妹」の不在感がこもる。

大船を荒海に漕ぎ出でや船たけ我が見之子らがまみは著しも　（七・一二六六）

の「し」も、前に「見」ただけをいうのではなく、今は「見」られないことへの悲しい思いがある。

香具山は　畝火雄々しと　耳梨と　相争ひ伎　神代より　斯くにあるらし　古も　然にあれこそ　うつせみも　嬬を　争ふらしき　（一・一三）

香具山と耳梨山とあひし時立ちて見に来之印南国原　（一・一四）

これも現在はなくなった事態である。古く、「けり」と区別し「目睹回想」と自己の体験した過去を述べる語とする解釈があった（細江逸記）[4]が、「香具山」の二首の例を見れば、その解釈の当たらないことが分かる。

「けり」（過去）（ラ変型）　過去の事態と現在の事態を複合した意味を表わす語で、現在の事態をもとに過去に思いを馳せることを表わす。

ますらをや片恋ひせむと嘆けども醜のますらをなほ恋ひに家里　（二・一一七）

嘆きつつますらをのこの恋ふれこそあが結ふ髪の漬ちてぬれ計礼　（二・一一八）

この二首は贈答歌である。「恋ひ（ぬ）」「ぬれ」は、どちらも過去のことでなく、今の状態を歌ったものである。「大夫や」の歌の例は、恋してしまった現実を述べ、自分はこれまで恋などするものかと思っていたという過去を対比させている。「嘆きつつ」の例では、結んだ髪の濡れて解ける現実から、相手が自分を恋していたことを知り納得することを述べる。どちらも、「けり」が現実をもとに過去を述べる働きをもつことからの使い方といえる。「き」の項でも述べたとおり、「けり」を伝承回想とする解釈には従わない。それに関して、

み吉野の　耳我の嶺に　時なくそ　雪は降り家留　間なくそ　雨は零り計類　その雪の　時なきが如　その雨の　間なきが如く　隈もおちず　思ひつつぞ来し　その山道を　（一・二五）

の歌は、「或る本の歌」に「時じくそ　雪は降るとふ　間なくそ　雨は降るとふ」とあり、そこでは「ける」の

部分が「とふ（等言）」になる。「けり」が「とふ」という伝聞に通じる語であるかのように見える例であるが、最初の歌の例は、現在の雪の降るさまを述べ、それが「み吉野の耳我の嶺」では、過去からそうであったのだとの思いを述べると解釈できる。そして、それを伝聞の表現にしたのが「或る本の歌」であって、異文の関係にあるものの内容が全同であるとする必要はない。

ぬばたまの夢にはもとな相見れど直にあらねば恋ひ止まず家里　（一七・三九八〇）

もまた、「夢に相見」たのに「恋ひ止まず」という現実が過去とまったく変わらないことを述べており、この「けり」を伝承回想とし、人の話として聞いたとするのでは歌の感動はあるまい。次も同様である。

田子の浦ゆ打ち出でて見れば真白にそ富士の高嶺に雪は降り家留　（三・三一八）

雪が「高嶺」に降り積もった現状が「雪は降り」である。長歌にあるように富士は「時じくそ雪は降りける」であり、それは「天地の　分れし時ゆ」なのであり、それに思いを馳せるのが「けり」と解釈できるのである。これを伝承回想とし、人から伝え聞いた事態ととるならば、この歌には何の感動もなくなる。

「けり」の未然形は「けらずや」の形で例が見える。

妻もあらば採みてたげまし沙弥の山野の上のうはぎ過ぎに計良受也　（二・二二一）

梅の花咲きたる園の青柳はかづらにすべく成りに家良受也　（五・八一七）

「妻もあらば」の歌の例では「過ぎに」という事態を「けらず」で否定することになるが、現実が「過ぎに」となっているので、過去を思い起こしての「採みてたげ」ることもなくなったと否定する意味になる。「梅の花」の例も、「かづらにすべくなり」が事態である。青柳がかづらになるとき、かつて共に語り合った人と語りあうときにもはや戻れないの意味での「けらず」である。この語は平安時代以降は用いられなくなる。その機構は未だ確認できない。他に打消の「ず」と接続し、「…ずけり」という形もある。さきに引いた「恋ひ止まずけり」のような場合である。「恋ひ止まず」という現実の事態がもとになり、そこから過去のことに思いが動くのでこの形があったといえる。

月見れば同じ国なり山こそば君が辺を隔てたり家礼　（一八・四〇七三）

「隔てたり」という現在の事態をもとに「君」を思う歌であるが、そのとき、作者の思い描くのは「君」との過去の思い出であることはいうまでもない。

「**たり**」（完了）（ラ変型）　助詞「て」に動詞「あり」の熟合してできた語とする考えがある。この考えには、助詞「て」は形容詞連用形に接続するが、「たり」は接続しないという点を除けば、接続、音変化のどちらの面でも否とする点はない。その語構成を認めるとすると、動詞連用形の表わした、すでに起こった事態に「あり」が付くことで、その事態が存在するという意味になることになる。

春過ぎて夏来たるらし白妙の衣干し有天の香具山　（一・二八）

人は皆今は長しとたけと言へど君が見し髪乱れ有とも　（二・一二四）

どちらも現在の事態として問題な点はない。『万葉集』の場合、「たり」の使われた例は終止形「たり」もしくは「たりき」「たりけり」に限られるようである。これ以外の活用形の例のないのがこの語の必然であったのかどうかは明確にできない。

「**らし**」（推定）（形容詞型。ただし、終止形「らし」、連体形「らしき」のみがある）

香具山は　畝火雄々しと　耳梨と　相争ひき　神代より　斯くにある良之　古も　然にあれこそ　うつせみも　嬬を　争ふ良思吉　（一・一三）

雄神川紅にほふ少女らし葦付採ると瀬に立たす良之　（一七・四〇二一）

上一段活用の未然・連用の形についた例がある。

春日野に煙立つ見ゆ少女らし春野のうはぎ採みて煮良思も　（一〇・一八七九）

ただし、次の例は東国方言でウ段の音がイ段の音に対応した例である。

わが妻はいたく恋ひ良之飲む水に影さへ見えてよに忘られず　（二〇・四三二二）

現在の事態に関してこうと推量する意を表わす。「らむ」と類似した意味をもつと考えられるが、「らむ」が疑問の語とともに使われるのに対し、「らし」にはそれがない。「らむ」が動詞型活用の語尾をもつのに対し、「らし」は形容詞型活用の語尾をもつといったことがあり、これは「らし」が安定した内容を表わすからであると考えられ、従来、「らし」を「らむ」の推量に対し、推定と概念化している。

「けらし」「ならし」「あらし」のような形で使われた例があり、これらは、それぞれ「けるらし」「なるらし」「あるらし」の転と考えられている。

桜田へ鶴鳴き渡る年魚市潟塩干に家良之鶴鳴き渡る　（三・二七一）

……手束杖　腰にたがねて　か行けば　人に厭はえ　かく行けば　人に憎まえ　老よし男は　斯くのみ奈良之　たまきはる　命惜しけど　せむ術も無し　（五・八〇四）

……咲く花も　移ろひにけり　世の中は　かくのみ奈良之　（三・四七八）

武庫の海の庭よく安良之漁する海人の釣船波の上ゆ見ゆ　（一五・三六〇九）

これに関しては、それぞれ「けり」「なり」「あり」が形容詞型化した語とする解釈もある。しかし、これらの例には推定の意味があり。また、

み雪降る冬は今日のみ鶯の鳴かむ春へは明日にし安流良之　（二〇・四四八八）

といった「あるらし」と、さきの「あらし」と比べたとき、使い方のうえでの違いが認められないことを考えると、さきに示したそれぞれの連体形に「らし」の付いた転と考えてよいと考えられる。

「ましじ」（打消推量）（形容詞型。ただし、終止形「ましじ」、連体形「ましじき」のみがある）

あらたまのきへの林に汝を立てて行きかつ麻思自寝を先立たね　（一四・三三五三）

それが起こらないであろうと考えている意を表わす。平安時代以降「まじ」になった源の語と考えられる。

「なり」（伝聞推定）

山の端にあぢ群騒き行く奈礼ど吾はさぶしゑ君にしあらねば　（四・四八六）

春されば木末隠りて鶯そ鳴きて去ぬ奈流梅が下枝に　（五・八二七）

夏山の木末の繁に霍公鳥鳴き響む奈流声の遙けさ　（八・一四九四）

木の暗《くれ》の繁き尾の上をほととぎす鳴きて越ゆ奈理今し来らしも　（二〇・四三〇五）

聞いて理解した事実を表わす語である。終止形・連体形の区別のない四段活用の動詞に付いた場合、後に述べる断定の「なり」との語形上の区別ができないが、動詞の表わす内容が音にかかわりのある語の場合は終止形接続と考えるなど、前後の意味的関係で区別せざるをえない。

平安時代以降、ラ変型活用の語に付くときは、上の語尾がウ段（連体形）に変わるが、この時代の例ではイ段の終止形に付いている。

葦原中国者伊多玖佐夜芸帝阿里那理　（神武記）

聞喧擾之響瓜焉　此云左揶霓利奈離　（神武紀）

なお、聞いて捉えたことを示す「なり」に対し、見て捉えたことを示す「めり」が平安時代以降にはあるが、「めり」は奈良時代の例としては、

をくさをとをぐさずけをと潮船の並べて見ればをぐさ勝ち馬利　（一四・三四五〇）

の例が見えるだけである。「勝ち」と連用形に接続している点、後世の終止形接続との違いがあるが、意味的には通じるもので、あるいは、「めり」の古形を示すかとも考えられるが判断できない。

「なり」（断定）（ラ変型）「に・あり」の転じた語と考えられる。

梅の花何時は折らじと厭はねど咲きの盛りは惜しきもの奈利　（一七・三九〇四）

のように、そこで述べた事実を肯定する意味と、

天皇の御代栄えむと東奈流陸奥山に黄金花咲く　（一八・四〇九七）

渟名川の　底奈流玉　求めて　得し玉かも　拾ひて　得し玉かも　惜しき　君が老ゆらく惜しも　（一三・三二四七）

のように、そこに存在する意味とを表わす。

「に」「あり」と離れた形で使われた例もある。

世の中を憂しとやさしと思へども飛び立ちかねつ鳥尓之安良祢婆　（五・八九三）

助　詞

奈良時代特有の用法で使われた助詞には、次のようなものがある。

「つ」は名詞を受けてそれが連体格に立つことを示す。「天つ神」「国つ神」「沖つ鳥」などの例がある。

「**よ**」「**より**」「**ゆ**」「**ゆり**」が起点を示す助詞として使われた。この四語の間の意味の差は認められない。また、このなかで「より」のみが平安時代以降も用いられた。

旅にして妹に恋ふればほととぎすわが住む里にこ欲鳴き渡る　（一五・三七八三）

ほととぎすいとふ時なし菖蒲草鬘にせむ日こ由鳴き渡れ　（一八・四〇三五）

畏きや命被りあす由利や草がむた寝む妹無しにして　（二〇・四三二一）

「**ば**」は「ねば」の形で使われたとき、逆接の意味になることがあった。

秋立ちて幾日もあらね者この寝ぬる朝明の風は袂寒しも　（八・一五五五）

「**ねば**」とならずに逆接に解されるものもある。

紅葉葉に置く白露の色葉にも出でじと思へ者言の繁けく　（一〇・二三〇七）

しかし、この場合も「出でじと思へば」と打消の文脈に使われており、「ねば」の場合と共通する要素がある。このうち、「秋立ちて」の歌は、平安時代の『拾遺集』のなかでは、「秋立ちて幾日もあらねどこの寝ぬる朝明の風は袂涼しも」（秋・一四三）と、「ば」が「ど」に変えられ、平安時代には逆接となる用法はなくなっていたことが分かる。

奈良時代の「ねば」がつねに逆接となったわけではない。

たけばぬれたかね者長き妹が髪この頃見ぬに掻き入れつらむか　（二・一二三）

などは、順接の意味で使われている。

「**なも**」は平安時代の「なむ」にあたる働きをした。

いつは奈毛恋ひずありとはあらねどもうたてこの頃恋し繁しも　（一二・二八七七）

「なも」の例は宣命のなかに多い。『万葉集』のなかではこの一例しか見られないが、平安時代以降の「なむ」も韻文のなかで使われた例は少なく、もともと散文的な語であったと考えられる。

平安時代以降、「なむ」と使われる誂《あつら》えの終助詞も「なも」の形が使われた。

上毛野をどのたどりが川路にも児らは逢は奈毛一人のみして　（一四・三四〇五）

係助詞「ぞ」には清濁両用の表記がある。

ほととぎす何の心曽橘の玉貫く月し来鳴きとよむる　（一七・三九一二）

梅の花折りかざしつつ諸人の遊ぶを見れば都し叙思ふ　（五・八四三）

「や」には疑問を表わす語のほかに、間投助詞の使い方をしたものがあった。

石見の也高角山の木の間よりあが振る袖を妹見つらむか　（二・一三二）

天飛ぶ夜鳥にもがもや都まで送り申して飛び帰るもの　（五・八七六）

この「や」は平安時代以降、「葛城や久米」「ききなみや淡海」と使われるなど用法を広げ、「武蔵野や行けども秋の果てぞなきいかなる風か末に吹くらん」（『新古今集』秋上・三七八）「さ筵や待つ夜の秋の風ふけて月を片敷く宇治の橋姫」（同・四二〇）といった、後のいわゆる俳句の切れ字につながる用法に転じてゆく。

この時代、係結びの現象はすでに始まっていた。

大和には鳴きてか来らむ呼子鳥象の中山呼び曽越ゆなる　（一・七〇）

昔社難波田舎と言はれけめ今都引き都びにけり　（三・三一二）

ただし、結びが形容詞のときは、「こそ」の結びが已然形以外の形となった例がある。

難波人葦火焚く屋の煤してあれど己が妻許増常めづらしき　（一一・二六五一）

「こそ」にも誂えの意味で使われた例がある。

鶯の待ちかてにせし梅が花散らずあり許曽思ふ子が為　（五・八四五）

「い」は平安時代以降には衰え、漢文の訓点にのみ残ったものである。

言清くいたもな言ひそ一日だに君伊し無くは堪へがたきかも　（四・五三七）

敬語

日本語の敬語は古くから相当の発達を遂げていた。たとえば推古天皇十五年（六〇七）のものとされる『法隆寺薬師仏造像記』には

大御身労《やくき》み賜ひし時　（原文は「大御身労賜時」）

の「大御《おほみ》身《み》」「賜《たまふ》」のような尊敬語、

薬師の像作り仕へ奉らむと　（「薬師像作仕奉」）

の「奉《まつ》る」のような謙譲語、さらに用明天皇のことばとして

我が大御病《おほみやまひ》、大平《たひら》ぎなむと欲《おもほ》します故に　（「我大御病大平欲坐故」）

と自分の病気を「大御病」と称するような自敬表現が表わされていると見られる。

尊敬の動詞には、「ます」「います」「おほまします」「たまふ」などがある。

大君は千歳に麻佐む白雲も三船の山に絶ゆる日あらめや　（三・二四三）

家思ふと心進むな風まもりよくして伊麻世荒しその路　（三・三八一）

朕《あれ》は御身《みみ》つからしく於保麻之麻須によりて　（『続紀宣命』四五詔）

とのぐもりあひて雨も多麻波ね　（一八・四一二二）

また、「見る」「着る」「寝」の尊敬語としてそれぞれ「めす」「けす」「なす」という形があり、これはたとえば「めす」の場合、「見る」の連用形に尊敬の助動詞（四段）「す」の古形「あす」がついて母音の縮約を生じ、mi+asu>mesu となったものとされる。

延ふ葛の絶えず偲はむ大君の売之し野辺には標結ふべしも　（二〇・四五〇九）

……吾を待つと奈須らむ妹……　（一七・三九七八）

謙譲語の動詞には、「まゐる」「まかる」「まつる」「まをす」「たまはる」などがある。

一日には千たび参入し東の多き御門を　（二・一八六）

我が背子しけだし麻可良ば白たへの袖を振らさね見つつ偲はむ　（一五・三七二五）

古へよ今のをつつに万調麻都流つかさと　（一八・四一二二）

万代にいまし給ひて天の下麻平志たまはね朝廷去らずて　（五・八七九）

足柄のみさか多麻波理反り見ず……　（二〇・四三七二）

なお、平安時代に見られるような、いわゆる丁寧語の「侍り」「候ふ」に相当するものは、まだこの時代には発達していなかった。

四　語彙・方言

奈良時代の語彙がどのくらいあったか詳細は不明であるが、『万葉集』では約六、五〇〇語（異なり語数）が用

いられているという（宮島達夫による）[5]。大部分は和語で漢語は〇・三％にすぎない。これらわずかなもののなかでは、

相思はぬ人を思ふは大寺の餓鬼之後に額づくごとし　（四・六〇八）

の「餓鬼」や、「婆羅門」「法師」など仏教関係の語が目立つ。ただし、奈良時代の漢語がこのような少数のものにとどまっていたかどうかは疑わしい。実際には大量の漢籍・仏典の将来により、とくに貴族や学僧たちの間には少なからぬ数の漢語が使用されていたであろう。とすれば、『万葉集』の歌に漢語の使用が少ないのは、すでに後世のように、和歌では漢語の使用は避けられるべきものと考えられていたためかもしれない。また、同じものを表現する場合でも、散文では「かへる（蛙）」「つる（鶴）」というところを、和歌ではそれぞれ「かはづ」「たづ」という語形を用いたことが指摘されている。

奈良時代の人びとはすでに地域による言語差、すなわち方言の差を認識していたらしい。『万葉集』巻一七の大伴家持の歌に

東風　越俗語東風謂之安由乃可是也　（一七・四〇一七）

とあって、越中の国司を経験したこの歌人には「あゆのかぜ」という表現が「越」の「俗語」であると感じられたのである。この場合の「俗語」は正式の中央語とは異なる、現地の通俗の語ということであろう。

『万葉集』巻一四と巻二〇には東歌・防人歌として二三〇首あまりの東国方言を反映した歌を収めている。ここには遠江以東、陸奥までの歌があるが、そこには中央語とくらべて、

父母が頭かき撫で幸くあれていひし気等婆是忘れかねつる　（二〇・四三四六）

のような母音の相違、

八十国は難波に集ひ舟飾り吾がせむ日ろを美毛人もがも　（二〇・四三二九）

のような助動詞の相違、

岡に寄せわが刈る萱のさね萱のまこと柔やは祢呂とへなかも　（一四・三四九九）

のような命令形活用語尾の相違などが顕著に見られる。

第二章　平安時代

奈良時代のことばは、主に『万葉集』に拠り、和歌という韻文のことばが中心であったが、平安時代には仮名文字が創案され、『源氏物語』『枕草子』等すぐれた散文の作品が書かれ、また、『古今和歌集』以後の勅撰集が編纂されるなど、多くの資料が残された。これによって、平安時代のことばは多くの分野から明らかにされることになる。

平安時代のことばの資料としては、これら仮名文字を主に書かれたもの以外に、漢文を訓読して記録された漢文訓読資料といわれるものがある。漢文訓読資料に残されたことばは、和文語とは異なり、平安時代のことばの一つの姿を示すものである。そこで、本時代では、和文語・訓読語とに節を分けて記述する。

平安時代のことばは、奈良時代のことばを継ぐものであるが、そこにはかなり大きな差が認められる。その理由として、次の三点が考えられる。第一は、平安時代初期のほぼ百年は、和文語の資料が不足している（訓読語ではその間を補うことができる）。その百年間に、和歌が実生活のうえで作られたことは間違いない。しかし、当時は、漢詩文全盛の時代であり、和歌は私的な場面での意思交換に使われる程度で、記録されて残るほどの価値はなかったと考えられる。その百年という時間の差がことばを変化させた可能性がある。第二は、ことばの使われた土地が、奈良時代は大和、平安時代は山城というように、違っていたということである。その土地の違いがことばの違いに反映した可能性がある。第三は、奈良時代は、資料が韻文資料にかたよるが、平安時代は、そこでは見られなかった散文の資料があり、その資料の違いがことばのうえに反映した可能性がある。

平安時代、漢字は、万葉仮名を草体に書きくずした草仮名をへて平仮名となる。そして、平仮名を用いた『古今和歌集』が編纂されたのは延喜五年(九〇五)であり、公的な場で記録された仮名で書かれたものの最初である。これと、ほぼ同じ時期に『竹取物語』『伊勢物語』などの物語、『土左日記』が書き記され、後の仮名文学の先駆となる。紀貫之が『土左日記』を、女性の手に仮託したのは、当時の仮名文章を男性が記すことへの躊躇があったからであろう。十世紀の末には『蜻蛉日記』、十一世紀の初めには『源氏物語』『枕草子』、さらに『更級日記』などが続き、王朝文学の最盛期を迎える。これらの作品が、女性の手になったことは注目される。もちろん、才ある女性が出たということもあり、また、書かざるをえなかった女性の社会的位置も影響したにちがいない。また、それと同時に、当時の男性には漢詩文が第一義であったこともあり、そちらを求めたこともあったであろう。『大鏡』には、藤原道長の大堰川舟遊に参加した藤原公任が「小倉山嵐の風の寒ければ紅葉の錦着ぬ人ぞなき」(師尹伝)の和歌を詠んで、人びとの賞賛を得た際に、「かばかりの詩を作りたらましかば、名のあがらむこともまさりなまし」と述懐した話が載るが、そこにも、当時、和歌よりも漢詩文を重要なものとする考えのあったことが現われている。

藤原浜成撰『歌経標式』(宝亀三年〈七七二〉序)以後、多くの歌論書が作られる。そのなかに徐々にことばに関する記述が見られるようになる。

かも、らしなどの古詞などは常に詠むまじ　(藤原公任『新撰髄脳』)

などの記述は、当時のことばを知る重要な手がかりである。『民部卿家歌合』(仁和元年〈八八五〉、藤原行平家で開催)以後の歌合《うたあわせ》にもことばを知る手がかりがある。平安時代末期には『古今和歌集』の注釈書も書かれ、それもまた、当時のことばを推測する資料となる。

平安時代末期、応徳三年(一〇八六)白河院の院政が始まるが、この頃、『今昔物語集』『古本説話集』『打聞集』といった説話作品があり、そこには『源氏物語』をはじめとする王朝文学とは異質のことばが多く見られ、一時代を画するかの感がある。院政期は、藤原氏の力にかげりの見えた時代である。武士の力が徐々に強まってきた頃であり、関東をはじめ各地のことばが都でも見られるようになった時代である。白河院の時代に五番目の勅撰集である『金葉和歌集』が編纂されるが、そのなかに次のような例がある。

居たりける所の北の方に、声なまりたる人の物言ひけるを聞きて、

東人の声こそ北にきこゆなれ　永成法師

陸奥よりこしにやあるらむ　権律師慶範

(連歌・六四八)

「北(来た)」と「越(来し)」とが対になる表現で、助動詞「た」の古い例として知られるが、「声なまりたる」「東人」のことばが題材になったのは、それだけ、多くの人の関心の対象になるほどになっていたからであろう。

従来の「き」「けり」に代わって「た」が使われるようになったなど、新しい時代を迎えた。そして、それが次の時代に続く傾向であることから、院政期を平安時代と切り離す考えもある。しかし、新しい言い方である「た」も「声なまりたる」とされるものであり、この感覚は、平安時代の早い時期のものと違いがない。

あづまにて養はれたる人の子は舌だみてこそ物は言ひけれ

(『拾遺集』物名　しただみ・四一三)

「何人ぞ」と、問はせ給へば、声うちゆがみたる者、「常陸の前司殿の姫君の、初瀬の御寺に詣でて、帰り給へるなり。初めも、ここになむ、宿り給へりし」と申すに（『源氏物語』宿木）

ここでも、東国のことばは「舌だみたる」「声うちゆがみたる」である。その意味で、院政期も含めて平安時代には共通する感覚があったとはいえ、院政期がそれ以前と区別される要素はあるにしても、この時代を平安時代から区別する必要はないといってよい。

一　文字

平安時代に入り、漢字から草仮名をへて平仮名・片仮名ができる。古く、平仮名は空海（七七四―八三五）が、片仮名は吉備真備（六九五?―七七五）が、それぞれ作ったとの説があったが、それはあくまで俗説であり、平仮名・片仮名どちらも、多くの人の手になったと考えるべきであろう。

平仮名の成立時期は不明であるが、貞観九年（八六七）の『藤原有年申文』は平仮名使用の古い例である。平仮名は漢字の草体をさらに崩してできた文字である。平仮名は曲線からなり、見た目に美しい。当時は、漢字が男の文字とされていただけに、女性は平仮名を用いた。平仮名が「女手」といわれたのはそのせいである。

男もすなる日記といふものを、女もしてみんとてするなり（『土左日記』）

は、紀貫之（八七一?―九四五?）が女性であるようにふるまい、男性の日記をまねて書いたとする有名な書き出しである。

草の手に、仮字の、所々に書きまぜて、まほのくはしき日記にはあらず（『源氏物語』絵合）

は、光源氏謫居の須磨を書いた絵詞をいうが、この「まほの…日記」は正式なものとされた漢文日記である。

（女は）いとあはれに思ひ後見、寝覚の語らひにも、身の才つき、おほやけに仕うまつるべき、道々しきことを教へて、いと清げに、消息文にも仮字といふものを書きまぜず、むべ〳〵しく言ひまはし侍るに

（『源氏物語』帚木）

は、雨夜の品定めのなかで、式部丞が自分を官吏の道に進ませようとする「賢き女」が漢字のみで手紙を認《したた》めることを語る部分であるが、通常は消息文には「仮名（平仮名）」が交ざることを示している。

片仮名は万葉仮名を手早く書くために、漢字を省画して書いたものである。仏典訓読の際に、送り仮名などを

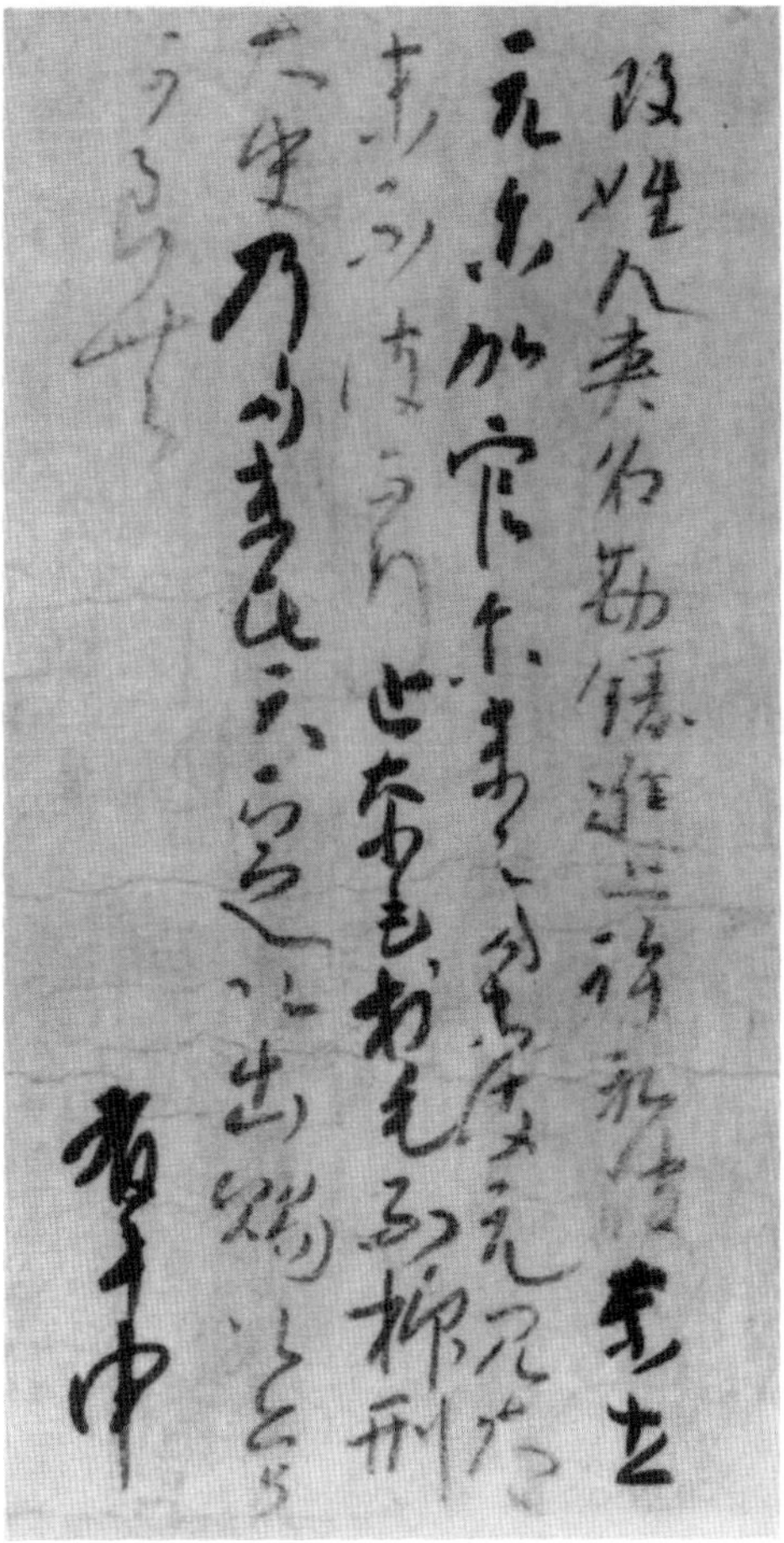

藤原有年申文（東京国立博物館所蔵）

漢字の字間に書き入れるために用いられた（ただし、訓読の際に書き入れる文字には平仮名も用いられた）ものである。

片仮名で書かれたものとして、天暦五年（九五一）頃の醍醐寺五重塔落書に書かれた和歌の例[1]がある。また、

かなはまだ書き給はざりければ、片かんなに

（『堤中納言物語』虫めづる姫君）

と、平仮名を書かない子が片仮名を書いたとする例がある。

平安時代末になると、『法華一百座聞書抄』『打聞集』のように片仮名で書かれた文献も見られるようになる。

平仮名・片仮名は漢字から成立した。どちらの仮名も字体は一種類ではない。これが一種類に統一されるのは、明治三十三年（一九〇〇）の『小学校令施行規則』においてであるが、その字体をもとに各字源となる漢字を示すと次のようになる。

あ（安）	い（以）	う（宇）	え（衣）	お（於）	ア（阿）	イ（伊）	ウ（宇）	エ（江）	オ（於）
か（加）	き（幾）	く（久）	け（計）	こ（己）	カ（加）	キ（幾）	ク（久）	ケ（介）	コ（己）
さ（左）	し（之）	す（寸）	せ（世）	そ（曽）	サ（散）	シ（之）	ス（須）	セ（世）	ソ（曽）
た（太）	ち（知）	つ（川）	て（天）	と（止）	タ（多）	チ（知）	ツ（川）	テ（天）	ト（止）
な（奈）	に（仁）	ぬ（奴）	ね（祢）	の（乃）	ナ（奈）	ニ（二）	ヌ（奴）	ネ（祢）	ノ（乃）
は（波）	ひ（比）	ふ（不）	へ（部）	ほ（保）	ハ（八）	ヒ（比）	フ（不）	ヘ（部）	ホ（保）
ま（末）	み（美）	む（武）	め（女）	も（毛）	マ（万）	ミ（三）	ム（牟）	メ（女）	モ（毛）
や（也）		ゆ（由）		よ（与）	ヤ（也）		ユ（由）		ヨ（与）
ら（良）	り（利）	る（留）	れ（礼）	ろ（呂）	ラ（良）	リ（利）	ル（流）	レ（礼）	ロ（呂）

わ（和）ゐ（為）　ゑ（恵）を（遠）　ワ（和）ヰ（井）　ヱ（恵）ヲ（乎）
ん（无）　ン（未詳）

二　音　韻

上代特殊仮名遣の消滅　上代特殊仮名遣《かなづかい》のうち、いちばん後まで区別の残ったのはコである。そのコの甲乙は、『西大寺本金光明最勝王経古点』（弘仁十一年〈八二〇〉頃成立）、『新撰字鏡』（昌泰三年〈九〇〇〉頃成立）では区別されていた。平安時代初期までは区別があったことになる。しかし、それ以外の仮名の区別はなく、また、これ以後の文献では、コの区別もなくなる。これにより、平安時代の母音は、奈良時代の八母音から五母音になったことになる。

あめつちの歌―二種類の「え」の音　『源順集』（源順 九一一―八三）に次の四十八文字のそれぞれを歌の最初と最後に置いた四十八首の歌が収められている。

あめ（天）つち（地）ほし（星）そら（空）やま（山）かは（川）みね（峰）たに（谷）くも（雲）きり（霧）むろ（室）こけ（苔）ひと（人）いぬ（犬）うへ（上）すゑ（末）ゆわ（硫黄）さる（猿）おふせよ（生ふせよ）えのえを（榎の枝を）なれゐて（馴れ居て）

「え」の音が二度使われているが、他の音は一度ずつである。ここから、この時期、ア行とヤ行の「え」が区別されていたと考えられる。「え」の混乱した例としては、なお、『日本紀竟宴和歌』（天慶六年〈九四三〉成立）に、

安馬能芝多平佐牟留波之女牟須毘於幾弖予魯菟与万珥弖多愛努那利気理

（あめのしたをさむるはじめむすびおきてよろづよまでにたえぬなりけり）

と、「絶えぬ」とヤ行であるべき「え」にア行の「え（愛）」を当てた例がある。

また、天禄元年（九七〇）の源為憲の「口遊（くちずさみ）」に載る「たゐにの歌」では、「え」の区別はない。

これは、次のような内容のものである。

大為爾伊天（田居に出で）奈徒武和礼遠曾（菜摘む我をぞ）支美女須土（君召すと）安佐利於比由久（あさり追ひ行く）也末之呂乃（山城の）宇知恵倍留古良（打ち酔へる児ら）毛波保世与（藻葉乾せよ）衣不禰加計奴（得船繋けぬ）

「いろは歌」は、承暦三年（一〇七九）の『金光明最勝王経音義』が最初の例であるが、

色は匂へど散りぬるを我が世誰ぞ常ならむ有為《うゐ》の奥山今日《けふ》越えて浅き夢見じ酔ひもせず

と、涅槃経第十三聖行品の偈《げ》「諸行無常、是生滅法、生滅滅已、寂滅為楽」の意を和訳したものといわれ、四十七音からなる。この「たゐにの歌」「いろは歌」の時期には、「え」は一度だけ使われ、区別が失われていたのは確実といえる。

「え」にア行・ヤ行の区別がなくなったとき、ヤ行の音になったのではないかと考えられる一つの資料に、和歌における字余りの問題がある。字余り歌の場合、字余り句のなかに母音音節が含まれることを述べたのは、本居宣長である。

歌ニ、五モジ七モジノ句ヲ一モジ余シテ、六モジ八モジニヨム事アル、是必中ニ右ノあいうおノ音ノアル句ニ限レルコト也、【えノ音ノ例ナキハ、イカナル理ニカアラム、未考、】古今集ヨリ金葉・詞花集ナドマデハ、

此格ニハヅレル歌ハ見エズ、自然ノコトナル故ナリ、【萬葉以往ノ歌モ、ヨク見レバ、此格也、千載・新古今ノコロヨリシテ、此格ノ乱レタル歌ヲリ〳〵見ユ、西行ナド殊ニ是ヲ犯セル歌多シ、】(『字音仮字用格』)

宣長の考えに従うとすれば、「え」と表記される音は、他の母音と異なる性格をもっていた、つまり、母音でなかったということになり、ヤ行の「え」であったと想定される。

オ・ヲの混同　オ・ヲの混同は、平安時代かなり早くから見えるとされるが、十一世紀の『悉曇要集記』(承保二年〈一〇七五〉成立)に次のような図が見える。

アカサタナハマヤラワ一韻
イキシチニヒミリヰ一韻
ウクスツヌフムユル一韻
オコソトノホモヨロ一韻
エケセテネヘメレヱ一韻

ここには、ワ行に当たるところのヲがなく、同音であることをうかがわせる。さらに、次の

大原野辺の　つぼすみれ　罪犯しある　物ならば　照る日も見よと　いふことを　年のをはりに　清めずは
我が身ぞつひに　くちぬべき　(『拾遺集』雑下・五七四)

では、「罪犯(をか)し」に「摘み置(お)かし」が掛けられ、たがいに通じる音であったことがうかがわれる。

ハ行転呼音　ハ行音は語中・語尾においてはワ行音化する。これを「ハ行転呼音」と呼ぶ。現代語のハ行音

は、「ふ」を除いて喉音［h］であるが、古くは両唇音［F］であった（第一章参照）。語中・語尾に使われるハ行音は、母音に挟まれることになって有声音化し、その結果、［w］となり、ハ行転呼音という現象が生じる。

ハ行転呼音の例は、上代にもあるとされるが、平安時代には次のような例が見える。

物のたうびける女のもとに文つかはしたりけるに、心地あしとて返事せざりければ、又、つかはしける

あしひきの山居はすとも踏み通ふ跡をも見ぬは苦しきものを　（『後撰集』恋二・六三一）

「山居」に「病ひ」が掛けられた例であり、「ひ」「ゐ」がたがいに通じる音であったことが分かる。

三　語法

名詞

名詞は、事物を示す語であり、用言のような事の動き・あり方を示すのではなく、また、助動詞・助詞のような話し手と事態との関連を示す語でもない。そのため、現代語では、名詞は助詞や助動詞をともない、他の語とのかかわりを示す形で使う。それが、平安時代には、名詞が単独で使われることがあった。

昔、なま心ある女ありけり。男、近う有りけり。女、歌詠む人なりければ、心見むとて、菊の花のうつろへるを折りて、男のもとへやる。　（『伊勢物語』第一八段）

月は入り方の、空清う澄み渡れるに、風いと涼しく吹きて、草むらの虫の声々、もよほし顔なるも、いと、たち離れにくき草のもとなり　（『源氏物語』桐壺）

月日経て、若宮参り給ひぬ　（同）

傍線部の語は、いずれも助詞・助動詞をともなわない形で使われている（「昔」のような時を表わす語の場合は、現代語でも単独で副詞的に使われることがあるので除外するべきかもしれない）。

動詞

活用　活用の種類と各活用形の例を示すと次のようになる。

		未然形	連用形	終止形	連体形	已然形	命令形
四段活用	書く	…か	…き	…く	…く	…け	…け
上一段活用	射る	い	い	いる	いる	いれ	いよ
上二段活用	起く	…き	…き	…く	…くる	…くれ	…きよ
下一段活用	蹴る	け	け	ける	ける	けれ	けよ
下二段活用	受く	…け	…け	…く	…くる	…くれ	…けよ
カ変	来	こ	き	く	くる	くれ	こ（こよ）
サ変	す	せ	し	す	する	すれ	せ（せよ）
ナ変	死ぬ	…な	…に	…ぬ	…ぬる	…ぬれ	…ね
ラ変	あり	…ら	…り	…り	…る	…れ	…れ

活用の種類は、九種類になった。前代まで見られなかった下一段活用に「蹴る」が出たことで、奈良時代より一種類増えたことになる。

かの典薬の助は蹴られたりしを病にて死にけり　（『落窪物語』四）

翁、袖をかづきてまどひ入るに、さと寄りて一足づつ蹴る　（同、二）

なお、「蹴る」は古くワ行下二段活用であった。平安時代にそれがカ行下一段化したことになる。平安時代に「ひる（干る・乾る）」は「あしひきの山辺に今はすみぞめの衣の袖のひる時もなし」（『古今集』哀傷・八四四）と、上一段活用であったが、古くは上二段活用に使われたとする説がある（『万葉集』でも乙類のヒで表記されており、その意味では上二段活用）（第一章参照）。もし、それが認められれば、この語も奈良時代から平安時代にかけて、二段活用から一段化したことになる。

二段活用の一段化は、未然形・連用形の語尾が終止形・連体形・已然形に及んだ結果起こることで、二段活用よりも一段活用のほうが変化が少なく、その意味ではことばを使うのに楽な方向への変化であったといってよい。

九種類のなかで、ラ行変格に属する語は「あり・をり・侍り・いまそかり」の四語で、いずれも存在の意味を表わすことで、動作・作用を表わす他の動詞とは異なっている。言い切りの語尾が「り」とイ段の音になることで、語尾が「し」とイ段の音になる形容詞に近い。意味のうえでも、存在という動きの少ない内容を表わし、状態を表わす形容詞の意味に近い。ラ変が他の動詞と異なる言い切りの語尾となり、形容詞に近かったのは、意味に関連するところがあったからといってよかろう。しかし、ラ変が形容詞にならず、動詞であったのは、動詞本来の意味である、時間の経過にともない内容が変化するという意味とかかわったからであろう。「ある」ものは時間がたてば変化することを考えると、それを表わすラ変は、形容詞ではなく、動詞となるべき語であったといえる。

活用形の意味　**未然形**は、後に助動詞・助詞が続いて使われ、単独で使われることはない。未然形に接続する助動詞・助詞の主なものは次のとおりである。

る・らる　す・さす・しむ　ず　む（んず）　まし　じ　まほし

ば（仮定）　ばや　なむ（誂え）　で

連用形は中止法があるなど、単独で使われることもあるが、多くは、後に助動詞・助詞がつく。連用形に接続する助動詞・助詞の主なものは次のとおりである。

き（カ変・サ変には特殊な接続をする）　けり　つ　ぬ　たり　けむ　たし〈平安時代末期から使われるようになる〉

て　つつ　ながら　そ（禁止。ただし、サ変・カ変は未然形がつく）

終止形は、言い切りに用いる語形である。終止形に接続する助動詞・助詞には、

らむ　らし　なり（伝聞推定）　めり（婉曲）　べし　まじ

と　とも　な（禁止）

等がある。

この世に、少し恨み残るは、わろきわざとなん、聞く　（『源氏物語』夕顔）

後に、時の助動詞などが続かず、動詞単独で使われている「残る」「聞く」は、どちらも一般的な内容を示しており、とくに、それがいつのことという意識は少なかったと考えられる。

野辺近く家居しせれば鶯の鳴くなる声は朝な朝な聞く　（『古今集』春上・一六）

この「聞く」も習慣となっていることを示す。

目の下、川流る　（『源氏物語』玉鬘）

「流る」は、今の事態である。平安時代は、終止形が単独で使われた例はそれほどに多くないが、連体形も含めて、動詞単独で使われた場合は、現在の事態を表わすことが多かった。

たちゐも、あさましうよろぼふ　（『源氏物語』明石）

めし寄するも、あいなう、いかが聞き給はむと、むねつぶる　（同、末摘花）

桜の花の散るを詠める

久方の光のどけき春の日にしづ心なく花の散るらむ　（『古今集』春下・八四）

のように、連体形「散る」は今、花の散っているさまを表わしている。

連体形は体言に接続する語形であるが、係結びに使われるほか、右のように、単独で使われることもある。

折りつれば袖こそにほへ梅の花ありとやこゝに鶯の鳴く　（『古今集』春下・三二）

「鳴く」と連体形で文を終える。

おとどの、御中も、もとより、そばそばしうおはする、故院の御世には、わが儘におはせしを　（『源氏物語』賢木）

「おはする」は、後に続く勢いがある。そこで言い切る終止形との違いがあるが、後に助動詞・助詞が続かずとも使われうることは共通する。この、後に助詞・助動詞が続かぬ単独の用法は、現在の事態に使われることが多かったが、すべてそうであったわけではない。現在の意味となることが多かったのは、いつのことと時を指定していないので、話し手のいる今を基準にするようになることが多かったのであろうと考えられる。

すこし足馴れたる人は、とく、御堂に参りつきにけり。この君をば、もてわづらひきこえつゝ、初夜おこな

ふほどにぞ、上り給へる

（『源氏物語』玉鬘）

右の「おこなふ」も同様である。

終止形・連体形は現在のことを表わすだけでなく、次のように過去のことを表わす場合にも使われることがあった。

昔、世心つける女、いかで心情あらむ男にあひ得てしがなと思へど、語り出でむも頼りなさに、まことならぬ夢語りをす

（『伊勢物語』第六三段）

「昔」と、過去のことを述べつつ、「夢語りをす」と動詞だけで使われている。例えば「き」「けり」が続けば、すでに現実となったことになり、「む」が続けば、未だ認められないことになる。動詞だけというのは、そのどちらでもないこと、つまり、いつという指定がないことである。指定がないので、通常は話し手のいるときである現在に多く使われる。しかし、他に、「昔」のように、いつのことかを示す語があれば、動詞自体にいつと示す意味がないので、いつの時にも移すことは可能であり、そのために、「夢語りをす」のような言い方ができたと考えられる。

かたみにぞかふべかりける逢ふ事の日数へだてん中の衣を

（『源氏物語』明石）

おぼし忘るるをりなし。「慰むや」と、さるべき人々をまゐらせたまへど、なずらひに思さるるだに、いと、かたき世かなと、うとましうのみ、よろづ思しなりぬるに

（同、桐壺）

終止形は文を終える形であり、すべてを言い終え、後に残すものはないと言い切る形である。これに対し、連体形は、そこで文は終わらず、後に思いを残す形である。言い換えれば連体形には余情がある。それだけ連体形は、終止形にくらべると、余韻を残した、柔らかみのある表現ということになる。

平安時代の末には、それまで終止形の使われていた文脈で、終止形でなく連体形の使われることが多くなり、徐々に連体形が通常の文末に使われるようになっていく。一般の文末にまで連体形が使われるようになれば、終止形・連体形のどちらを使うかの差はなくなり、終止形・連体形の合一化ということが起こるようになる。「…ぞ…（終止形）」というような、係結びの混乱した例が見られるようになるが、これも終止形・連体形の機能の差がなくなったことと関連したと考えることができる。

もろこしも天の下にぞありと聞く照る日の本を忘れざらなん　（『新古今集』離別・八七一）

已然形は、次の三通りの使い方をした。奈良時代にあった、単独の用法は見られなくなった。

(1) 後に接続助詞が付く。

萩の露たまにぬかむと取れば消ぬよし見む人は枝ながら見よ　（『古今集』秋上・二二二）

文を書きてやれども、返り事もせず　（『竹取物語』）

(2)「こそ」の結びとなる。

初雁の鳴きこそ渡れ世の中の人の心の秋し憂ければ　（『古今集』恋五・八〇四）

(3) 後に完了の助動詞「り」が付く（ただし、「り」は命令形に接続するとの説もある）。

春日野は今日はな焼きそ若草の妻もこもれり我もこもれり　（『古今集』春上・一七）

の三通りだけの用法になった。

「なれや」のように已然形に係助詞の付いた形は、平安時代になると、後の語句と係結びの関係をもたない例が見られるようになった。

風吹けば波打つ岸の松なれやねにあらはれてなきぬべらなり　（『古今集』恋三・六七一）

係助詞「や」の結びとなるべき語が「べらなり」と終止形になり、係結びの関係にならない。「や」の付いた「なれ」という已然形に後に続く働きがなくなったという変化の結果である。

子ある仲なりければ、こまかにこそあらねど、時々ものいひおこせけり　（『伊勢物語』第九四段）

信濃なる園原にこそあらねども我がははきゞと今は頼まむ　（『後拾遺集』雑五・一一二八）

「こそ」の結びの末尾に接続助詞の付いた形であるが、これは『万葉集』や「三代集」には見られなかったものである。「こそ」の結びの已然形に、接続の機能があったから、それにともなって係助詞の勢いが結びに及んだのである。しかし、「風吹けば」の例に見られるように、已然形に接続の機能がなくなれば、「信濃なる」の歌に見られるように後に逆接の関係を意識すれば、それを表わすためには接続助詞を付さなければならなくなる。その変化があったと考えられる。

已然形に後に続ける機能がなくなれば、「…こそ…（已然形）」となる形式は単なる終止と同じことになり、結びが已然形となることの意味が失われることになる。

命令形は、動詞としての意味のほか、命令形の形をとることで、相手にその実現を要求する（命令する）意味をもつ活用形であった。

はや舟に乗れ。日も暮れぬ　（『伊勢物語』第九段）

形容詞

形容詞の活用は次のようになった。

		未然形	連用形	終止形	連体形	已然形	命令形
ク活用	よし	…から	…く …かり	…し …かり	…き …かる	…けれ	…かれ
シク活用	おかし	…しから	…しく …しかり	…し	…しき …しかる	…しけれ	…しかれ

「…から」「…かり」「…かる」という変化はカリ活用とも呼ばれ、形容詞の語尾「…く」にラ変動詞「あり」が熟合してできたと考えられる。カリ活用ができたことで、形容詞の助詞・助動詞との承接も自由となった。その意味で、形容詞の用法が広がったことになる。カリ活用の終止形は、

このとまりの浜には、くさぐさのうるはしき貝、石などおほかり　（『土左日記』）

ある時は、えさらぬ馬道の戸をさしこめ、こなたかなた、心をあはせて、はしたなめ煩はせ給ふ時もおほかり　（『源氏物語』桐壺）

のように見られた。「おほかり」は、

遠く聞きつたふるたぐひまで、事にふれ折にのぞみてむなしく過ぐさず情おほし　（『千載集』仮名序）

と、「おほし」となった例もあり、この語の場合、「おほし」「おほかり」の二形があったことになるが、一般の和文では「おほかり」となることが多かった。

奈良時代には、未然形・已然形のそれぞれに「…け」という語形があったが、この時代には、和歌・漢文訓読語のなかで使われることはあったが、一般の散文では「…けれ」が使われた。

人知れぬ思ひのみこそわびしけれ我なげきをば我のみぞ知る　（『古今集』恋二・六〇六）

このように、已然形「…けれ」は「こそ」の結びにも使われ、その結果、形容詞も活用のうえでの不足がなくなったことになる。

形容動詞

形容動詞にはナリ活用・タリ活用の二種類がある。それぞれ、「…に」「…と」に動詞「あり」が付き熟合してできた語であり、次のように活用する。

		未然形	連用形	終止形	連体形	已然形	命令形
ナリ活用	静かなり	…なら	…なり …に	…なり	…なる	…なれ	…なれ
タリ活用	堂々たり	…たら	…たり …と	…たり	…たる	…たれ	…たれ

ナリ活用の例は、奈良時代、

梅の花今盛りなり思ふどち挿頭にしてな今盛りなり　（『万葉集』五・八二〇）

高圓の尾花吹き越す秋風に紐解き開けな直ならずとも　（同、二〇・四二九五）

とした例が見えるが、タリ活用の例は、奈良時代にはなく平安時代の漢文訓読語のなかで使われだした。

助動詞

未然形に接続する助動詞は「る・らる」「す・さす・しむ」「ず」「む（んず）」「まし」「じ」「まほし」がある。

連用形に接続する助動詞は「き」「けり」「つ」「ぬ」「たり」「けむ」がある。

終止形に接続する助動詞は「らむ」「らし」「なり（伝聞推定）」「めり」「べし」「まじ」がある。

連体形に接続する助動詞は「なり（断定）」「たり（断定）」等がある。

已然形（命令形とも）に接続する助動詞は「り」がある。

「**る・らる**」は、奈良時代の「ゆ・らゆ」が使われなくなり、その意味を担って使われた語である（「る」は奈良時代から例がある）。

受身・自発・尊敬・可能の四つの意味で使われたとされるが、この語のもともとの意味は、当事者の意図もなく生じた（自然的発生）事態を表わすことであった。受身・自発は、本来の意味の反映であり、尊敬はその人がしたという意味を隠すことで現われる意味になる。可能は現代語の「できる」の意味であるが、当時「…をできる」とはいわなかった（現代語ではそうなる場合もある）ように、本来は当事者の意図にかかわらず生じたの意味に通じるものである。その意味で「る・らる」に通じる。なお、「る・らる」が可能の意味となるとき、平安時代では打消の文脈で偏っていた。

弓矢して射られじ　（『竹取物語』）

御胸のみ、つとふたがりて、つゆまどろまれず、明かしかねさせ給ふ　（『源氏物語』桐壺）

ちなみに、可能を表わすには「**え**」という副詞を用いる表現もあるが、この場合も打消の文脈で使われる。

この玉はたやすくえ取らじ　（『竹取物語』）

打消の文脈で可能を使うということは、不可能を表わすということである。試みて実現しないのが不可能であるが、その挫折感を意識したとき、それを不可能と捉えたことになる。

現代語で可能の意味に解される文脈には、

心あてに折らばや折らむ白露の置きまどはせる白菊の花　（『古今集』秋下・二七七）

白雲の絶えずたなびく峯にだに住めば住みぬる世にこそありけれ　（同、雑下・九四五）

我が庵は都の辰巳しかぞ住む世を宇治山と人はいふなり　（同、雑下・九八三）

のように肯定文が使われ、実現したという形で表わしていた。

「**す・さす・しむ**」は「る・らる」が誰の意図にももとづかず自然に発生する事態を表わすのに対し、意図にもとづき発生する事態を表わした。その意味が、現代語のなかで捉えると、使役の意味になる。

わらはげなるわざして病むことを、人に聞かせじとし給ひけれど　（『竹取物語』）

宮仕への本意、かならず遂げさせ奉れ　（『源氏物語』桐壺）

この時代には「す・さす」は和文系で、「しむ」は漢文系で使われるという差が生じた。

「き・けり・つ・ぬ・たり・り」の六語は「時の助動詞」と呼ばれ、後の時代の「た」に当たる文脈で使われることが多い。

「**き**」は過去にあったことと回想する意を表わす。現代語の「た」は過去のことに使われるほか、「明日の朝、起きたとき」のように未来のことにも使われるが、「き」には、このような用法はなく、つねに今から前のことに使われる。このことを、江戸時代に富士谷成章は『あゆひ抄』のなかで「サキダツテ…タ」のようにすれば捉えられることを指摘した。「き」には、次のような使い方もある。

ありしながらに見奉らむよ　（『源氏物語』若菜下）

は、女三宮と柏木との密通を知った光源氏の述懐であるが、光源氏が女三宮とのこれまでの夫婦関係を「ありし」というのは、過去にあったということのほかに、今はもう取り戻せないの意味が加わっているのである。
「けり」は現在の事実をもとにして過去のことを回想する意を表わす。

水のほとりに梅の花咲けりけるを、よめる
春ごとに流るる河を花と見て折られぬ水に袖やぬれなむ　（『古今集』春上・四三）

詞書に「けり」が使われているが、「梅の花咲けり」という現実から「春ごとの」思いを述べる内容の歌であることを表わしている。

家にありける梅の花の散りけるを、よめる
暮ると明くと目かれぬものを梅の花いつの人まにうつろひぬらむ　（『古今集』春上・四五）

は、「花の散り」という現実から「暮ると明くと目かれぬ」ものであった過去を回想している。

春の夜、梅の花を、よめる
春の夜の闇はあやなし梅の花色こそ見えね香やは隠るる　（同、春上・四一）

では「けり」が使われず、歌の内容も過去には及ばず、今のことだけである。

雪の木に降りかゝれるをよめる
春たてば花とや見らむ白雪のかゝれる枝にうぐひすの鳴く　（同、春上・六）

では完了の「り」が使われているが、これも歌の内容は現実の様子だけである。

雲林院にて桜の花の散りけるを見てよみける
桜散る花の所は春ながら雪ぞ降りつつ消えがてにする　（同、春下・七五）

の「散りけるを見て」は、現在、散ってゆくのを見ているさまである。桜の散り敷く白の世界から降雪を思いやるという内容の歌であり、春の今から以前の冬への連想が「けり」につながったといえる。なお、『古今集』では、「…けるを見て（聞きて）」の例はあるが、「…しを見て（聞きて）」の例はない。

式部卿の宮は、明けむ年ぞ五十になり給ひける　（『源氏物語』乙女）

は、「明けむ年…五十になり」という未来のことを「けり」が表わしているのではない。「明けむ年…五十になり」という今のことを述べているのである。そして、その現実から、これまでの「式部卿の宮（紫上の父）」との思い出を回想したものと解釈される。「き」「けり」の二語を、それぞれ「目睹回想」「伝承回想」とする細江逸記[2]の説があったが、実際はそれでは解釈できない場合が多い。

「つ」「ぬ」はともに完了を表わすが、どちらも話し手の判断を表し、前者は意図にもとづく事態の成立と、後者は自然に生じる事態の成立との、それぞれ話し手の判断を表す。

雀の子を犬君が逃がしつる　（『源氏物語』若紫）

飛鳥川淵は瀬になる世なりとも思ひそめてむ人は忘れじ　（『古今集』恋四・六八七）

潮満ちぬ。風も吹きぬべし　（『土左日記』）

はや舟に乗れ。日も暮れぬ　（『伊勢物語』第九段）

本意、かならず、遂げさせたてまつれ。我なくなりぬとて、口をしう思ひくづほるな　（『源氏物語』桐壺）

今はただ思ひ絶えなむとばかりを人づてならで言ふよしもがな　（『後拾遺集』恋三・七五〇）

このように見てくると、「き・けり・つ・ぬ」の四語には、話し手の立場からの意味が強く影響していることが分かる。なお、この時代には、「ぬ」がナ変動詞に付いた例はない。

「たり」は「てあり」の転であり、「り」は動詞連用形に「あり」が付いたものの転である。どちらも、ラ変動詞「あり」の意味が入って、すでに実現した事態が、表現の基準となる時点で存在する意味を表わした。なお、「り」は平安時代に入ると使用の場が減り、「たり」が多く使われた。「たり」は、平安時代末期に「た」という形で使われるようになる。

「**む**」は、推量・意志・勧誘・仮定・婉曲などの意味に区別される。しかし、これは文脈に応じてこのように区別できる結果であり、現実には実現が確認されていないことを話し手が思い描いた内容であることを表わしたのであり、それを、後世のことばで、推量以下の意味に捉えたと考えるべきである。

君ならで誰にか見せむ梅の花色をも香をも知る人ぞ知る　（『古今集』春上・三八）

春霞たなびく山の桜花移ろはむとや色かはりゆく　（同、春下・六九）

幼き御後見におもほすべく、きこえ給ひてむや　（『源氏物語』若紫）

「**んず**」は「むず」とも表記されるが、平安時代の文献になって見られる語である。

迎へに人々まうで来むず　（『竹取物語』）

奈良時代には、これに当たるかと思われる言い方に「むとす」があった。「むとす」「んず」の二語について、清少納言は『枕草子』「ふと心おとりとかするものは」の段で、

なに事をいひても、「そのことさせんとす」「いはんとす」「なにとせんとす」といふ「と」文字をうしなひて、ただ「いはんずる」「里へいでんずる」などいへば、やがていとわろし。まいて文にかいてはいふべきにもあらず

と、「むとす」はよいが、「んず」はよくないとしている。

「**らし**」は、

かも・らしなどの古詞などは常によむまじ　（『新撰髄脳』）

かも・らし・べらなどふるきことつねによむまじ　（藤原清輔『奥義抄』）

と書かれるように、十一世紀初めには一般には使われない語になっていたと考えられる。「らむ」と類似した意味を表わし、しかし、疑問の語とともに使われる「らむ」と使われない「らし」、活用が動詞型である「らむ」と形容詞型である「らし」等から、「らむ」は確度の低い推量、「らし」は確度の高い推定と区別されたが、確度を別の語で表わすようになれば二語の意味は同じになり、その結果、「らし」は使われなくなったと推定される。

助詞

格助詞としては「が」「の」「を」「に」「へ」「と」「から」「より」が使われた。

「が」「の」は連体格に使われたほか、従属文での主格にも使われた。しかし、主文での例は見られない。

雀の子を犬君が逃がしつる　（『源氏物語』若紫）

例のやうにし、掛けられたるに、女のが、並ばぬこそ、さうざうしく、はえなけれ　（同、葵）

なやらふとて、犬君が、これをこぼち侍りにければ、つくろひ侍るぞ　（同、紅葉賀）

「の」は連体格の文脈で使われたが、この時代の連体格も、前後の関係の捉え方は後代にくらべ、ゆるやかであった。

栗原のあねはの松の人ならば都のつとにいざといはましを　（『伊勢物語』第一四段）

この歌の「都のつと」は、後代のことばでいえば、「都へのつと」となる文脈である。以下も同じように、助詞を補って解釈するのが適切な例である。

なかなか、まことの、昔の、近きゆかりの君だちは、ことわざ繁きおのがじしのいとなみに紛れつつ
（『源氏物語』夕顔）

心もそらにおぼえて、あなたの御消息通ふほど、少し遠うへだたるひまに
（同）

なき御影にも御おもてぶせと、後代の名を流し侍る、いと悲しき事なり
（『栄花物語』浦々の別れ）

「都のつと」のような言い方ができたのは、今、自分はどこにいて、何をしようとしているかという「話の場面」をもとにすれば理解できたからである。その後の例も同じである。

「を」の対象を表わす言い方は、後代のことばであれば、作用を及ぼす意味のある動詞の前で使われるが、この時代は、必ずしもそのような使い方に限られなかった。

女郎花多かる野辺に宿りせばあやなくあだの名をや立ちなむ　〈「立つ」のような「…をする」の意味のない動詞の前に使う〉
（『古今集』秋上・二二九）

おぼし至らぬ事なき御心ばへを、まづ、うち泣かれぬ　〈同上〉
（『源氏物語』葵）

とまり給ひて、なづさひ聞こえ給はぬ月日や、隔たり給はむと、思う給ふるをなむ、よろづの事よりも、悲しう侍る　〈形容詞の前に使う〉
（同、須磨）

いとも、はかなき御屍ばかりを、御名残にて　〈名詞の前に使う〉
（同、葵）

「に」は定まった地点・時点を指す語である。

かばかり守る所に、天の人にも負けなむや
（『竹取物語』）

荒涼して、心知らざらむ人の前に夢語りなこの聞かせ給ふ人々しおはしまされそ
（『大鏡』師輔伝）

は、後代のことばでいえば、「で」となるような文脈であるが、この時代はまだ「に」が使われていた。これら

の例も、用言に続く働きをしていたが、

五人の中に、ゆかしき物見せたらんに、御心ざしまさりたりとて仕うまつらん

（『竹取物語』）

は、「五人の中に」は、「見せたらん（人）」という名詞相当句に続いており、後代のことばでは「…の」あるいは「…にある（いる）」が使われるような文脈である。次の例もそれに似る。

その中に、王とおぼしき人、家に「宮つこまろ、出で来」と言ふに

（同）

月を見ていなかなる男を思ひ出でてつかはしける

今宵君いかなる里の月を見て都に我を思ひ出づらむ〈第四句「都に誰を」の異文もある〉

（『拾遺集』恋三・七九三）

接続助詞には、「ば」「とも」「ど（も）」「て」「つつ」「ながら」「で」「に」「を」「が」等がある。

「ば」は順接の意味に限られてきた。

秋立ちて幾日もあらねどこの寝ぬる朝明の風は袂涼しも

（『拾遺集』秋・一四三）

の第二句は『万葉集』では「幾日もあらねば」とあったもので、平安時代の「ば」は、この文脈にふさわしくないと意識された結果、この『拾遺集』の例が出たといえる。

「に」「を」「が」は活用語の連体形に付いたときに見られるもので、格助詞の転と考えられているが、平安時代はまだ接続助詞化していないとする説もある。しかし、

秋立ちて幾日もあらぬにこの寝ぬる朝明の風は袂涼しも

（久安五年〈一一四九〉『右衛門督家成歌合』）

などの例があることを見ると、接続助詞と考えてもよい。

係助詞には、「は」「も」「ぞ」「なむ」「や」「か」「こそ」「だに」「すら」等がある。

係結びのうち、連体形で結ぶ「ぞ」「なむ」「や」「か」の場合は、平安時代末の終止形・連体形の合一化にともない、連体形終止の表現価値が失われて乱れが生じる。

常ニ葛木ノ山ト金峯ノ山トニ通テゾ御ケリ　（『今昔物語集』一一の三）

泣〻ナム日本ノ和尚ヲ礼拝シケリ　（同、一一の一二）

事ヲ語給ケルヲ聞テナム、此ノ国ノ人、「…」ト知ケレ　（同、一四の四五）

已然形で結ぶ「こそ」の場合は、平安時代早くに、已然形が続く意味を失った結果、後の文に続けるには結びとなる語の後に接続助詞が付くという言い方が始まることで乱れはじめる。

信濃なる園原にこそあらねども我がははきぎと今は頼まむ　（『後拾遺集』雑五・一一二八）

副助詞には、「など」「さへ」「のみ」「ばかり」「まで」等があった。そのなかで、「など」は、

酒なにと、持て来　（『土左日記』）

のような、不定の語「何」に格助詞「と」の付いた「なにと」が「なんど」をへてできた語とされる。もともとの語に「と」があったために、平安時代においては、「なども」のような使い方はなかった。

終助詞には「かな」「もがな」「てしがな」「にしかな」「がな」「かし」「ばや」「なむ（誂え）」等があった。

「かな」は、奈良時代には一般には「かも」が使われ、それに代わって平安時代に使われだす語である。なお、『常陸国風土記』に「能渟水哉…俗云与久多麻礼流彌津可奈」という奈良時代唯一の例があるが、これには本文上の疑義があり、奈良時代の例としては認められていない。「かも」から「かな」への変化は時代の経過によるものか、大和から山城への土地の変化によるものかは明確ではない。「かも」から「かな」への変化と同様の変化は「もがも」から「もがな」へ、「てしかも」「にしかも」から「てしかな」「にしかな」へにも見られる。

「もがな」は、

ただ受領のよからむをがなとこそ思ひつるに　（『落窪物語』巻四）

と、「も」の代わりに「を」の使われた例が見えるが、これは、次期の、

あっぱれ、よからう敵がな　（『平家物語』巻七・木曽最期）

に続くものとなる。

「ばや」は、奈良時代には見られず、平安時代になってから使われた語である。なお、『常陸国風土記』に「高浜の下風さやぐ妹を恋ひ妻といはばや醜《しこ》男と召しつも」という奈良時代唯一の例があるが、「かな」と同様、本文上の疑義があり、奈良時代の例としては認められていない。「ばや」が願望の意味を表わすようになったのは、

秋の夜の千夜を一夜になずらへて八千夜し寝ばやあく時のあらむ　（『伊勢物語』第二二段）

のような仮定条件を表わした言い方が、後件を省略することで願望に転じたと考えられる。

四　文の構造

昔、紀有常がり行きたるに、歩きて遅く来けるに、よみてやりける

君により思ひならひぬ世の中の人はこれをや恋といふらん

返し、

ならはねば世の人ごとに何をかも恋とはいふと問ひし我しも　（『伊勢物語』第三八段）

この文章では、「行き」「歩き」「来」「よみ」「やり」のどの語にも、誰の動作であるかを示す語は使われてい

ない。しかし、その動作主が、順に業平・有常（あるいは、その娘）・同・業平・同となるのは、文の進みからいって自明であり、述べる必要がなかったのである。

昔、宮の内にて、ある御達の局の前を通りけるに、何のあたにか思ひけん「よしや草葉よ、ならんさが見む」といふ。男、

罪もなき人をうけへば忘草おのが上にぞ生ふといふなる

といふを、ねたむ女もありける。（『伊勢物語』第三一段）

この段の前半も同様である。その後に「男」と表わされるが、それがなければ「罪もなき」の歌の詠み手は理解しにくい。理解しにくければ、それを示す、自明であれば必要でない。そのように書き表わされていたのであろう。

昔、物いひける女に、年ごろありて、

いにしへのしづのをだまき繰りかへし昔を今になすよしもがな

といへりけれど、何とも思はずやありけん。（『伊勢物語』第三二段）

も同様である。

昔、男、初冠して、奈良の京、春日の里に知るよしして、狩に往にけり。その里に、いと、なまめいたる女はらから住みけり。この男、垣間見てけり。思ほえず古里にいとはしたなくてありければ、心地まどひにけり。（同、第一段）

この場合、「男」とあるだけで、それがどういう関係で後の語句に続くかを示す格助詞が使われていない。後の、「女はらから」「この男」も同様である。現代語であれば、名詞は後に助詞・助動詞が付かない形では使われ

ない。名詞は事物を表わすだけの語であり、文中の他の語との関係を示す機能がないからである。その考えでいけば、「男」以下の名詞は、その語の意味だけを示していることになる。このような、文中の関係を示す助詞を使わず名詞を使う言い方は、現代語の会話文に通じ、文章語ではない形ということになる。現代語の会話文が、その形で使えるのは、文章語よりも話の場面に依存する度合が強く、「場面」をもとにすれば、理解が可能であるからと考えられる。「の」の項でも当時のことばには場面の影響があることを述べた。平安時代のことばでは、同じことが、このような文章でもあったにちがいない。

五　言語生活

平安時代には、男女の間でしきりに和歌が詠み交わされる。当時の和歌は、人が自分の心情を表に出す手段であったと考えられる。『大鏡』には、藤原道長の圧迫を受けて、小一条院が皇太子の位を去った際に女御延子が「雲井まで立ち上るべき煙かと見えし思ひの外にもあるかな」と落胆の思いを述べたことに関して、それほどの大事であれば和歌はできるまいと若侍が言ったとき、世継は、「昔も、いみじき事の折、かゝることいと多くこそ聞え侍りしか」と述べる話がある。同様のことが古くもあったことは、『万葉集』の「春日遅遅、鶬鶊正啼。悽惆之意非歌難撥耳。仍作此歌式展締緒（春日遅々にして、鶬鶊正に啼く。悽惆の意、歌にあらずは撥ひ難し。よりて此の歌を作り、式ちて締緒を展ぶ）」（一九・四二九二左注）などの記述からうかがわれるが、平安時代も心中の思いを述べればそれが和歌になるということはあったのであろう。逆にいえば、和歌によってはじめて思いは述べられるということである。男女が交わす手紙に和歌がつくのもそのせいだったのであろう。思わず述べたことばがそのまま和歌の表現になる例はいくつも見ることができる。

内侍、思ひのほかの車かなと宣ふを、歌になさむとて「かけてだに」と云ひ侍りしかば、われよりほかに花見ける人　（『出羽弁集』）

口ずさみに言ひける　蓼かる船の過ぐるなりけり　源頼光朝臣、これを連歌に聞きなして、朝まだき唐櫓の音の聞ゆるは　（『金葉集』）

しかし、誰でもが自由に和歌を詠めたわけではない。『源氏物語』の末摘花のような人は和歌が巧みでなく、それだけ感情を表に出して示すことが下手であったということになる。現在の訥弁ということになろうか。

『伊勢物語』第一四段に登場する、陸奥の「そこなる女」も、和歌の理解できない人であった。

なかなかに恋に死なずは桑子にぞなるべかりける玉の緒ばかり

夜も明けばきつにはめなでくたかけのまだきに鳴きてせなをやりつる

と詠む歌は、「ひなびたりける」歌とされる。そして、京へ帰る男に同行を迫るが、

栗原のあねはの松の人ならば都のつとにいざといはましを

と、きわめて辛辣に拒絶される。しかし、それが理解できず、かえって「よろこぼひて、『思ひけらし』とぞいひ居りける」というのである。

この話には、当時の京の人の地方を見下す思いが顕著であるが、しかし、和歌が分からなければ、心の通いができない。そこに互いの悲しさがあった。

『伊勢物語』第九段の「東下り」では、都離れた土地に来たという感慨にひたる一行に、「はや舟に乗れ、日も暮れぬ」と催促する渡守の言動は、都の人から見れば、無骨なものであったにちがいない。

都の人から見て、各地のことばは、

あづまにて養はれたる人の子は舌だみてこそ物は言ひけれ

（『拾遺集』物名・四一三）

（肥後大夫監）をかしう書きたると思ひたる言葉ぞ、いと、だみたる。…年三十ばかりなる男の、たけ高やかに、物々しううちふとりて、きたなげなれど、思ひなし疎ましく、荒らかなる振舞など、見るもゆゝしく思ゆ。色あひ心地よげに、声いと嗄れて、さへづりゐたり

（『源氏物語』玉鬘）

「なに人ぞ」と問はせ給へば、声うちゆがみたるもの、「常陸の前司殿の姫君の、初瀬の御寺にまうでて、帰り給へるなり」

（同、宿木）

と、「舌だみ」「だみ」「さへづり」「うちゆがみ」と表わされるものであったのである。

六　漢文訓読語

これまでに見てきた和文語のほか、平安時代以降には漢文訓読語（訓点語とも）が行なわれるようになる。漢文訓読語は漢文を日本語として訓《よ》み下し、その結果を漢文の原文の行間などに記入した資料（訓点資料）によって知られるものであるが、漢文訓読語はとくに表記・語彙・語法の面で、和文語とは大きく異なっていた。

漢文は中国古代の文語文であり、本来、外国の書き言葉である。これを当初は中国語の発音によって読み（字音直読）、外国語の文章として学習・理解していた。しかし、これは当時の日本人にとって未知の外国語に習熟しようと努力することでもあり、困難なものであったことは否定できない。そこでやがて一種の翻訳が行なわれるようになった。ただ、翻訳といっても通常のものとは異なり、原文とは別に訳文を作るのではなく、原文を保

存したまま、それを日本語の語順に従って返読し、個々の漢字を音読み、または訓読みによって訓み下すというものであった。これを漢文訓読という。漢文訓読がいつ頃から始まったのかはよく分からないが、遅くとも奈良時代には行なわれていたと考えられている。

奈良時代のごく終わり頃になると、漢文の訓読の結果を原文に記入するようになった。その際に使用される文字・符号の類を訓点という。訓点が記入された年が明確な最古の資料は『華厳経《けごんきょう》刊定記《かんじょうき》』（大東急記念文庫蔵）で、句読点と返り点が記入されている。返り点は、

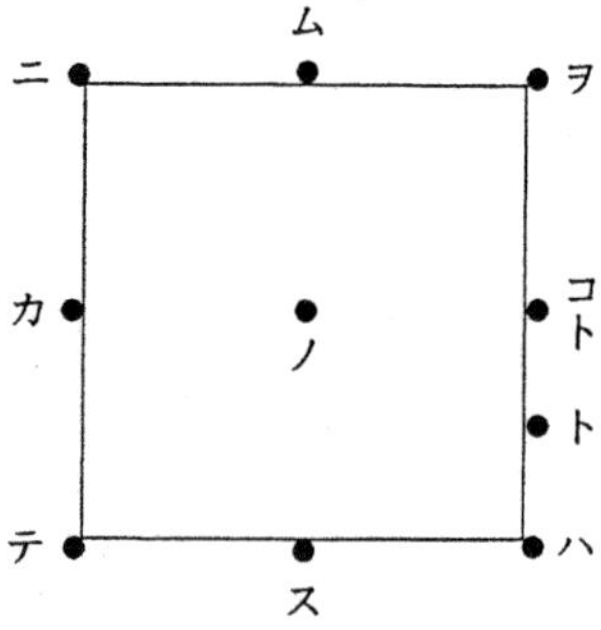

次我今下顕二対一尊四卑三己

のように漢字の右側に数字で返読の順序を示したもので、これは巻末の年記により、延暦七年（七八八）に記入されたものと見られる。その後、返り点・句読点以外の文字・符号も用いて訓点の記入は盛んに行なわれるようになる。訓点に用いられる文字としては万葉仮名、片仮名、平仮名があり、符号としてはヲコト点、返り点、句読点、声点（アクセントを示す符号）があった。このうちヲコト点は漢字の内部や周辺に・－｜／＼＋＝などの符号を記入して、その符号の位置と形によって特定の音節を表わすものである。これには数多くの方式があって、右に示したのは紀伝点と呼ばれるものである。また、平安時代の初期には万葉仮名・平仮名が片仮名とともに訓点に使用されるが、平安時代の後半にはもっぱら片仮名が使われるようになった。

訓点の記入は前述のように奈良時代の最末期に始まったものであるが、これは奈良の大寺に住む学僧たちの間で案出されたものと考えられている。また、とくに片仮名は彼らの手により訓点専用の文字として万葉仮名から

作られたもので、後世にいたるまで使いつづけられてゆくものである。

訓点資料に表われた当時の漢文訓読の実態は、次のようなものである。

爾（の）時（に）世尊、大吉祥天女に告（げ）て曰（は）く、「若（し）有（ら）む浄信の善男子善女人の、〔於〕過去未来現在の諸仏に、不可思議の広大に微妙なる供養の〔之〕具を以て、而も〔為〕奉献（せ）むと欲ひ、〔及〕三世の諸仏の甚深の行処を解了（せ）むと欲《おも》（は）むいは、是の人は当（に）決定して至（れ）ル心をモチテす応し。（下略）」

（爾時世尊告大吉祥天女曰若有浄信善男子善女人欲於過去未来現在諸仏以不可思議広大微妙供養之具而為奉献及欲解了三世諸仏甚深行処是人応当決定至心）　（『西大寺本金光明最勝王経』、訓点は八三〇年頃のもの。解読は春日政治『西大寺本金光明最勝王経古点の国語学的研究』による）

当時の漢文訓読文は、現在行なわれている漢文訓読と語法などで共通する点も多くあるものの、他方では大きく異なっている面もある。右の例でいえば、「欲（は）むいは」の「い」、「之」の不読などがそれにあたる。前者は上代にも使用される助詞であるが、平安時代ではとくに前半期の漢文訓読に特徴的なものである。また後者は中世以降の漢文訓読では「の」と格助詞に訓むものであるが、平安時代ではこの文字自体は訓まず、直前の漢字の後に「の」を補ってよむのが通例であった。また、同じ平安時代のなかでも前半と後半とでは漢文訓読語のあり方に変遷のあることが知られている。

漢文訓読語は和文とくらべて種々の点で異なっているが、それは表記・語彙・語法の面で著しい。表記については片仮名・ヲコト点の使用があり、平仮名のみで書かれるか、平仮名に少数の漢字を交えて書かれる和文と対照をなしている。
語彙の面では、まず、漢文訓読語では漢語の割合が高いことが知られている。
『興福寺本大慈恩寺三蔵法師伝』古点（十一世紀末から十二世紀初頭の加点）では、和語（自立語）の異なり語数（語の種類）が一、六五七語（一四・二％）であるのに対し、漢語のそれは一〇、〇三七語（八五・八％）である。これは、『源氏物語』において和語一四、〇七九語（九四・一％）、漢語七一二語（四・八％）である（これ以外に和語と漢語の複合語がある）のとくらべて、漢語の使用が圧倒的に多いことが明らかである。[3]
また、和語について見ても、漢文訓読語と和文とでは大きく様相を異にしている。漢文訓読語では和文と同じ意味を表わす場合にも、しばしば異なった語を用いることが指摘されている。例えば、和文では、

この庇に通ふ障子をいとみそかに押し開け給ひて、　（『源氏物語』東屋）
皇子をば止め奉りてしのびてぞ出で給ふ。　（同、桐壺）
あはれなりつる事しのびやかに奏す、　（同）

のように「みそかに」「しのびて」「しのびやかに」と表現するところを漢文訓読語では、

霊夏潜《ヒソ》カに安（く）シて誰（か）復（た）弁セむ　（霊夏潜安誰復弁）　（『文集』巻三、天永四年点）

のように「ひそかに」を用いるのである。このような和文と漢文訓読語との語彙的な対立は、次のように数多く指摘されている[4]（和文―漢文訓読文の対比で示す）。

あく（飽）―うむ（倦）　いたる（到）―およぶ（及）　けつ（消）―けす　きほふ（競）―きそふ
く（来）―きたる　しぞく（退）―しりぞく　ふたがる（塞）―ふさがる　まじる・まじらふ（交）
―まじはる　やすむ（休）―いこふ（憩）　むつかる―いきどほる（憤）

いかめし（厳）―おごそか（なり）　いみじ―はなはだし（甚）　はやし（速）・とし（疾）―すみやか（なり）

あるは（或）―あるいは　かねて（兼）―あらかじめ（予）　すべて（全）―ことごとく（に）（悉）

かたみに―こもごも・たがひに（互）　しばし（暫）―しばらく　すこし（少）―すこしき　ただに（直）―まのあたり　たはやすく―たやすく　たまさかに―たまたま（偶）　ときどき（時々）―よりより　はやく―すでに（既）・つとに（夙）　みだりがはしく―みだりに（濫）　もしは（若）―もしくは　やうやう―やうやく（漸）

いみじく・いたく・いと―すこぶる（頗）・はなはだ（甚）　いとど・いよいよ―ますます　おほかた―ほぼ

など―あに（豈）　え～ず―あへて～ず・～ことあたはず・～にあたはず　つゆ～ず―かつて（嘗）～ず・いまだかつて（未嘗）～ず　まだ～ず―いまだ（未）～ず

されば―かるがゆゑに・かれ・ここをもて・このゆゑに・これをもて・ゆゑに　さて―しかうして　されど・さるは―しかるに・しかるを・しかれども

くて―くして　で―ずして　す・さす（使役）―しむ　にて―にして　やうなり―ごとし（如）

漢文訓読語に特徴的な語法としては「ク語法」がある。ク語法は上代には広く使用されたものであるが、漢文訓読では次のような用法があった。

（一）「いはく」「のたまはく」「いひしく」「まうさく」「おもへらく」などの引用を導く用法

而して之を問（ひ）て曰（は）ク、彼の土の風俗は其事云何そトイフ　（而問之曰彼土風俗其事云何）

（二）「ねがはくは」「こひねがはくは」「おそるらくは」などの副詞的用法

庶《ネカ》ハクハ巍峨《カ》トタカクシテ永劫ニ（あら）使（めむ）（庶使巍峨永劫）

（『法華義疏』譬喩品、長保二年点）

（『興福寺本三蔵法師伝』巻七、承徳三年点）

後世には「ねがはくは」は文末の「ことを」と呼応するようになるが、平安時代には「ねがはくは〜む・べし・せよ（命令形）」のような呼応が一般的であった。

（三）文の終わりを「まくのみ」「らくのみ」などで結ぶ用法

貧に居て素を守るラクのみ（而已）（居貧守素而已）

（『南海寄帰内法伝』巻二、平安後期点）

「あらゆる」「いはゆる」の「ゆる」は助動詞「ゆ」の連体形で、これも上代語の平安時代における残存と考えられる。「あらゆる」「いはゆる」は漢文訓読語を通じて後世にまで伝えられてゆく。

衆生の宿の悪業と、刀兵と病と饑饉とを、所在《アラユ》ル悩害に随（ひ）て、皆能（く）（令）解脱（せ）しむ

（衆生宿悪業刀兵病饑饉随所在悩害皆能令解脱）

（東大寺図書館蔵『地蔵十輪経』巻一、元慶七年点）

（所）言《い》ハユル謙譲問答といは、文殊、迹因位に在（り）（所言謙譲問答文殊迹在因位）

（『法華義疏』序品、長保二年点）

文語文法における九種の動詞の活用のうち、漢文訓読語ではカ行変格活用の「く」を用いず、その代わりに四段活用の「きたる」（「来到る」に由来するとされる）を使用する。また、下一段活用の「蹴る」はまったく用いられない。

漢語サ変動詞の多いのも、漢文訓読語の特徴である。「案ず」「感ず」「讃歎す」などの漢語サ変動詞は、たと

えば『興福寺本大慈恩寺三蔵法師伝』古点では一、二四九種類用いられており、『源氏物語』の一〇七種類にくらべてはるかに多いことが知られている。

形容詞では、上代における未然形活用語尾「け」が、漢文訓読語にはしばしば「無けむ」「良けむ」などとして用いられる。また形容詞型活用の助動詞「べし」も同様に「可けむ」が、実際には大部分「可けむや」の形で現われる。

孤リ国恩ヲ負《そむ》(き)テ罰《ツミ》有(り)テ赦《ユル》スコト無ケム (孤負国恩有罰無赦)

(『興福寺本三蔵法師伝』巻七、承徳三年点)

親シキ子弟に非(す)は其レ寄《マカ》ス可ケムヤ〔乎〕(非親子弟其可寄乎)

(『石山寺本大唐西域記』巻三、長寛元年点)

また、形容詞「多し」は和文では「から・かり・かり・かる・かれ・〇」と他の形容詞とは異なり、カリ活用主体に使用され、

くちをしきことおほかれどえつくさず (『土左日記』)

のようになるが、漢文訓読語では通常と同様のク活用の活用形が用いられる。

漢文訓読語の助動詞の用法は、和文と比較するとかなり限定されたものとなっている。とくに推量系の助動詞にその傾向が顕著で、平安時代の漢文訓読語で広く使用されるのは「む」「まし」「べし」「じ」「まじ」のみで、「けむ」「らむ」「らし」は平安時代前半期わずかに使われただけであり、「めり」は使用されない(後世の漢文訓読では基本的に「む」「べし」以外は使われない)。

否定の助動詞「ず」の連体形・已然形は、和文ではそれぞれ「ぬ」「ね」が使用されるが、漢文訓読語では

功の成（ら）不《サ》ルコトヲ恥（ち）（恥功不成）

（『石山寺本大唐西域記』巻一、長寛元年点）

のように連体形は「ざる」、已然形は「ざれ」を用いる（平安時代の前半期では和文と同様に「ぬ」「ね」が使われたこともある）。

過去の助動詞では、もっぱら「き」が使用され、「けり」は稀である。

是（の）如きことを我レ聞きたまへキ（如是我聞）

（『西大寺本金光明最勝王経』巻一、平安初期点）

助詞の用法も和文と比して漢文訓読語ではかなり狭い。係助詞の用法では、「ぞ」は疑問を表わす語とともに「なんぞ」「いづくんぞ」のように用いられることが多い。「か」は文末の「乎」や「歟」などの助辞を訓読することによって用いられたり、「いかにか」「たれか」のように疑問を表わす語とともに用いられた。「や」は文末に多く用いられ、「こそ」は逆接の条件句を作ることが多く（已然形終止になることが少ない）、また「なむ」はまったく用いられない。全体に和文にくらべて係結びは発達していない。

和文では話し手の希望を表わすには、助詞「がな（かな）」「ばや」、助動詞「まほし」「む」を用いたが、漢文訓読語では「む」以外は使用しなかった。これは「ねがはくは～せむ」または「こふ～せむ」という表現を用いたためである。この「ねがはくは」や「こふ」というのは漢文の原文にある「願・庶」「請」などの字を訓読した結果と考えられる。

また、他者への願望は和文では助詞「なむ」、助動詞「む」で表現したが、漢文訓読文ではこれらを用いない。「ねがはくは～せよ」「ねがはくは～べし」という表現を使用したためであり、これも「願・庶」などの訓読の結果である。

このように、漢文訓読語の語彙・語法は和文のそれと大きく異なっていて、和文とは別種の言語体系をなしていたと見られる。そしてそれは、外国語としての漢文を訓み下すという漢文訓読の性格に由来するものと考えられている。このような漢文訓読語の体系はおそらく平安中期（十世紀）頃に確立したものであるが、漢文訓読語は必ずしも学問の世界という狭い殻のなかに止まっていたわけではない。平安時代の末以降、鎌倉時代にかけて盛んに作成される説話集（『今昔物語集』『打聞集』など）や軍記物語（『保元物語』『平家物語』）のなかに、和文語の要素とともに漢文訓読語の語彙や語法が取り入れられ、和漢混淆文として後世に大きな影響を与えていったのである。

第三章　鎌倉・室町時代

鎌倉時代は、平氏が滅亡し、源氏が政権を握ったときから始まる。平安時代末期から強くなる傾向のあった武士の勢力がいちだんと強まった時代である。源頼朝が鎌倉に幕府を開き、政治の中心が関東に移り、例えば阿仏尼（一二二二?―八三）のように、土地訴訟のために関東に行かなければならない人も出た。それとは逆に関東から京へ行く人も増えたにちがいない。関東から京へ上った人にとっては、京は魅力のある土地であったろう。京らしさを求める気持になったとしても決して不思議ではない。

総じて日蓮が弟子は、京に上りぬれば、始はわすれぬやうにて、後には天魔つきて、物にくるう。せう房がごとし。わ御房もそれていになりて天のにくまれかぼるな。上りていくばくもなきに、実名をかうるでう物くるわし。定てことばつき、音なんども、京なめりになりたるらん。ねずみがかほりになるやうに、鳥にもあらず、鼠にもあらず、田舎法師にもあらず、京法師にもあらず、せう房がやうになりぬとをぼゆ。言をば但いなかことばにてあるべし。

（『日蓮書簡』）

しかし、この時代は、関東の力が強まり京と関東との関係は平安時代とは異なる様相を示す。次のような話がある。

悲田院堯蓮上人は、俗姓は三浦の某とかや、双なき武者なり。故郷の人の物語すとて、「吾妻人こそ、言ひつる事は頼まるれ。都の人は、ことうけのみよくて、実なし」といひしを、聖「それはさこそおぼすらめども、己は都に久しく住みて、慣れて見侍るに、人の心劣れりとは思ひ侍らず。なべて心柔らかに、情けある故に、人のいふほどの事、けやけく否びがたくて、万え言ひ放たず、心弱くことうけしつ。偽せんとは思はねど、乏しく叶はぬ人のみあれば、おのづから、本意通らぬ事多かるべし。吾妻人は、我が方なれど、げには心の色なく、情けおくれ、ひとへにすぐよかなるものなれば、始より否といひてやみぬ。にぎはひ豊かなれば、人には頼まるるぞかし」とことわられ侍りしこそ、この聖、声うちゆがみ、あらあらしくて、聖教の細やかなる理、いと弁へずもやと思ひしに、この一言の後、心にくくなりて、多かる中に寺をも住持せらるるは、かくやはらぎたる所ありて、その益もあるにこそと覚え侍りし。

（『徒然草』一四一段）

関東のことばは「うちゆがみ、あらあらし」いとするのは変わらないが、考え方にはかたくななもののない堯蓮上人に、兼好が感心している話である。関東出身の堯蓮上人が寺を住持するほどに、当時の京の世界に関東者の進出していたことが分かる。「乏しく叶はぬ人」「にぎはひ豊か」と、京・関東の違いも語られるが、そこにも関東者の進出がある。さらに時代がたてば、

公家の人々いつしか言も習はぬ坂東声をつかひ、着も馴れぬ折烏帽子に額を顕はして、武家の人々に紛れんとしけれども立振舞へる体、さすがに媚びて、額付以の外にさがりたれば、公家にも付ず、武家にも似ず、都鄙に歩を失ひし人のごとし。

（『太平記』廿一・天下時勢粧）

と、逆に公家が関東の武家のことばをまねる姿まで語られるようになるのである。

藤原定家（一一六二―一二四一）は、「情以レ新為レ先、詞以レ旧可レ用…詞不レ可レ出二三代集一」（『詠歌大概』）と、

それまで人の詠まなかった内容の和歌を、古いことば、とくに「三代集」に使われることばを用いて詠まなければならないと主張している。文学的な評価は措き、この主張から、定家が、自分たちの時代のことばは「三代集」の時代のことばとは異なると意識していたことが分かる。さらに、実際の和歌のことばについて定家の述べたものとして、次のような例がある。

建仁元年（一二〇一）に始められた『千五百番歌合』（七七一番）に、

左　　季能卿

いさいかにみやまのおくにしほれても心しりたき秋の夜の月

右　　家隆朝臣

よやふくるくものはるかになくかりもひとつになりぬ衣うつこゑ

左は、しりたきといへる、雖レ聞二俗人之語一、未レ詠二和歌之詞一歟。加レ之初五字又不二甘心一

という例があり、この番の判者は定家である。ここでは、「たし」は現在の会話語であり、和歌のなかで使うべきでないことをいう。願望を表わす「たし」は平安時代には使われなかった語であり（その時代、この文脈であれば「まほし」を用いた）、そこに定家の不満があったと考えられる。

次は寛喜四年（一二三二）の『石清水若宮歌合』（一五番）の例である。

左勝　　源家清

遠近のゆききも遠くなるままに霞わかるる淀の川船

右　　賀茂季保

山風や霞吹き流せ吉野川白木綿花の色ぞくもれる

左、無㆓其難㆒。右「霞吹き流せ」、いひしれる詞にあらず。「色ぞくもれる」も読みならへる詞にあらず。初五文字の「や」の字、たがひて聞ゆ。「や」の字を使ふことばは、「大原や小塩の山」「春やとき花や遅きと」、此二つの詞に用ひ侍る。「吹き流せ」といはん上の句には、「や」の字、如何。所謂不㆑知㆓歌趣㆒者歟。以㆑左為㆑勝。

これも判者は定家である。さらに、「や」についても、その証歌として引かれたのは、『古今集』の、「大原や小塩の山も今日こそは神世のことも思ひいづらめ」（雑上・八七一）、「春やとき花や遅きと聞き分かん鶯だにも鳴かずもあるかな」（春上・一〇）の二首である。呼びかけの対象を「や」で指示する言い方はあるが、「吹き流せ」のような「命令」に続ける言い方は、『源氏物語』などの会話文には見られるが、それまでの和歌には見出しにくい。定家が納得しなかった理由もそのへんにあったのであろう。そうとすれば、さきの『千五百番歌合』の場合と同趣旨のことになる。

鎌倉時代のことばは、平安時代のことばと対比すれば、異なるが点ある。

家にありたき木は、松・桜。松は五葉もよし。花はひとへなる、よし。

（『徒然草』一三九段）

『徒然草』のなかに平安時代にはなかった「たし」が使われるといったことがあるが、その他の点は平安時代との間にさほどの違いがあるようには見えない。この時代の言語は、平安時代に一応の確立を見た和文語にもとづいており、その形式が受け継がれ、細部の異なりはあるが、ことばとしては連続しているように見える。それに対し、次の室町時代になると、かなり異なる様相が見られるようになる。それは、その時代、抄物・キリシタン文献に代表される口語資料が見られるようになるからである。

手塚は遅ればせに来ける郎等に実盛が物の具はがせ、首持たせて、木曽殿の前に馳せ参り申しけるは

手塚は遅ればせに来る郎等に実盛が物の具をはがせ、首を持たせて、木曽殿の前に馳せ参って申したは
（『平家物語（百二十句本）』）
（『平家物語（天草本）』）

文語体・口語体を対比してみた。後者の文には、とくに格助詞の使用などの面で、現代語に近い要素のあることに気づく。

次の抄物のことばも同じである。

越ノ国ヲハ呉ヘマイラセアケウス、トモカウモ御ハカライト云ソ。我ハ臣ニナラウス、妻ヲハ妾ニメサレテメシツカハレヨト云ソ。呉王ニユタンサセウトテカウ云ソ
（『史記抄』一〇）

京都ハ天下ノアツマリヂヤホドニ
（同、一八）

酒ハ伴ガナフテハゾ。独ハノマヌモノゾ。サルホドニ酒興ノ。ウカミタル時ハ。故人ガ来レカシ、一盃ノマント思フ也
（『中華若木詩抄』中）

このキリシタン文献・抄物のことばは現代語に近く、そのため、この時代を近代日本語の始まりのときと考える説もある。

鎌倉時代は、『平家物語』を頂点に『保元物語』『平治物語』『太平記』をはじめ多くの軍記物語が作られた。これらの作品は、和文体を基礎に漢文体を取り入れ、格調の高い、合戦場面を描写するのにふさわしい韻律のある文体によって書かれている。また、平安時代末に、『今昔物語集』が編纂されたが、この時期には『宇治拾遺物語』『十訓抄』『古今著聞集』などの説話文学が成立する。これらの作品は、それまでとは異なり、話の中心に近い位置に、武士・一般生活者が登場することになり、内容のうえでもそれまでとは異なる面を示すことになる。

平安時代の貴重な言語資料であった訓点資料は固定化したといわれる。

室町時代になると、さきに述べたキリシタン文献・抄物といった貴重な口語資料が見られるようになる。この口語資料の特徴としては、格助詞が多く見られるようになり、また、語句の関係を示す接続語の使用が目立つ。室町時代を近代日本語の開始の時期とする考え方のあることを述べたが、それに従えば、格助詞の体系の整備、接続語の増加という面を、近代語の特徴とも考えることができる。

鎌倉・室町の両時期を通して、どういうことばを使うかという、ことばを反省した例が多く見られる。平安時代に、すでに和歌のことばに対する反省や古歌に対する注釈等があったが、この時代は、さらにそれが進み、和歌・連歌のことばに対する反省や、王朝物語に対する注釈も行なわれ、言語の資料としても貴重なものとなる。また、多くの辞書が編纂される。平安時代末に『色葉字類抄（伊呂波字類抄）』（治承元年〈一一七七〉―五年〈一一八一〉に成立）ができるが、室町時代には『下学集』（東麓破衲編。文安元年〈一四四四〉成立）、節用集（十五世紀半までに成立）などの、ことばから漢字を知る字書が盛んになる。ことばの意味を知る辞書も作られた。宗祇（応永二十八年〈一四二一〉―文亀二年〈一五〇二〉）の作かといわれる『分葉（歌林山かづら）』、『宗祇袖下』、紹巴（大永五年〈一五二五〉？―慶長七年〈一六〇二〉）の『至宝抄』などは、語彙の数も少なく、配列も体系がないなど、整備された辞書でないが、『匠材集』（紹巴）は集められた語数も多く、配列もいろは引きといった整った体裁のものである。しかし、これらの辞書は古語が中心であり、さらに、語義解説も全体の例を観察し語義を決定するといった方法は採られていない。

『分　葉』

松にはふまさきのかつらちりにけり外山の秋は風すさむらん

窓ちかき竹のはすさむ風の音にいとゞみじかきうたゝねの夢

是はいづれも風のあらき心也。荒字也。

誰すみて哀しるらん山里の雨降りすさむ夕暮の空

今朝のあさけ山のは毎に霞つゝ風吹すさむ春はきにけり

是はいづれも降やむ事也。

大あらきの森の下草老ぬれば駒もすさめずかる人もなし

火もおかぬ冬のすびつの心ちして人もすさめずすさまじの身や

是は何れも不用心也。すさむは用る心也。筆のすさみ、口すさみはなぐさみ也。愚句に、うき時のすさみ斗とよむうたにと仕しもなぐさみ也。又女をすさむはすつる心也

『宗祇袖下』

すさむと云事、風などのすさむはあらく吹く事なり。すさむと云にも、雨のふりすさむはふりやみたる事也。恋なとのすさむはよびすてたる事也。すさむといふにも月花をすさむるはいかにもみはやし賞翫おもしろがりたる事也。

『至宝抄』

すさぶ　一には雨すさぶは降事なり、二には雨ふりすさぶは止む事也、同風すさぶとは吹事、風吹すさぶは吹止む事なり。

『匠材集』

すさむる　めてたてぬ事也。

辞書のなかで、キリシタン文献のなかの『日葡辞書』は資料的価値が高い。長崎学林で慶長八年（一六〇三）に刊行された書で、日常語を中心に歌語・文語を含んで総語数三二、二九三に及び、その解説も詳密である。

すさみ・む　背き離れる、あるいは、自分の身から遠ざけ捨てる。…（世をすさむ）浮世を捨てる。…（身をすさむ）自分の身を苦しめ痛めつけるなどして、自分自身のことを意に介しない。…（人をすさむ）愛情や交際などの上で、他の人から背き離れる。また、（「降り・る」と共に用いる）…（雨降りすさむ）雨が降りやむ。…（雨すさむ）雨が激しく降る。…（風すさむ）風が激しく吹く。…（花にすさむ）すなわち（花を愛する）花を見るのを喜んだり、楽しんだりする。

（『邦訳日葡辞書』による）

一　音　韻

高野山法性院宥快（一三四五―一四一六）の『悉曇要字記』に次の記述がある。

アイウヱヲノ五音ノ中ニアイウノ三ハ本音也。ヱヲ二ハ末音也。即ヱハイノ末音、ヲハウノ末音也。故呼二ヱノ音一時ハ必ズ音ノ始ニ微細ニ帯二イノ音一、故ニイエト呼バル、也。呼二ヲノ音一時ハ必ズ帯二ウノ音一。呼二ウヲ一也。

これに従えば、当時、エは（イエ）の合成であるyeであり、オは（ウオ）の合成であるwoであったことになる。室町時代のキリシタン文献では、エはyeと書かれ、オはuoと書かれる。

平安時代は、ヤ行のエであり、オはワ行のヲであったと考えられたが、その点では、この時代も同じであったことになる。

ウの音は、マ行音・バ行音の前では、しばしば、次のようにムと表記される。

むま（馬）　むめ（うめ）　むまご（孫）

むべ（宜）　むばら（荊）　むばふ（奪）

行阿『仮名文字遣』の「む」の項には、「むべ・むばふ・むばら・むば・むめ・むま・むまる」の例が挙げられる。藤原教長『古今集注』（治承元年〈一一七七〉成）では、『古今集』の、

あなうめに常なるべくも見えぬかな恋しかるべき香は匂ひつつ　（物名・四二六）

の歌に、

ムメヲフルクハウメトヨメリ。万葉集ニヲホクシカヨメリ

と、「むめ」が常の言い方で、「うめ」は古い旨の注を付している。

ロドリゲスは『日本大文典』（慶長九年〈一六〇四〉―十三年〈一六〇八〉刊。土井忠生訳による）で、この音について次のように記している。

V（う）の音節が音頭に於いてMa（ま）・Me（め）・Mo（も）の前に立つてゐるものは、明瞭なVではなく、閉ぢた口の中で発音してそのまゝ抑止されるのである。

オ段長音には、開音［ɔː］、合音［oː］の区別があった。このそれぞれをキリシタン文献ではǒ，ôと表わしていた。開音・合音の違いは次のようになる。

アウ・アフ　開長音

オウ・オオ・オホ・オフ　合長音

エウ・エフ　拗長音

『耳底記』(慶長三年〈一五九八〉—七年〈一六〇二〉成)には次のような問答が記される。

問(烏丸光広)　或人「あふげば」を、「王げば」とよむ、如何。

答(細川幽斎)　あしゝ、「あふげば」とよむべし。

音便

音便はこの時代には一般化していた。戦記文学の合戦を描写する場面では、

肩をづんどおどりこえてぞたゝかひける

橋の両方のつめにうッたッて矢合はせす

(『平家物語』四・橋合戦)

と、勇壮さをいきいきと表わす効果をもって使われている。

『耳底記』では、『古今集』の例を取りあげて、

よみてとあるをよんでとよむ習也

と記してある。音便の普及から考えて、「よみて」「よんで」では、後者が当時の一般の言い方に近かったであろう。「よみて」と読むのは、書かれたものを大事にするということになり、「よんで」と読むのは、当時の話し言葉に近かったのであろう。「あふげば」を「おうげば」と読んださきの例と合わせ、当時、表記にとらわれず読みやすいほうを選ぶ読み方もあったことになる。

子音

サ行音は、キリシタン文献のなかでは次のように記されていた。

sa xi su xe so　xa xu xo

現在、「せ」となる音に、「しぇ」に相当する書き方がされている。また、ロドリゲス『日本大文典』では、関東のことばとして、

xe（シェ）の音節はささやくやうに se（セ）、又は ce（セ）に発音される。例へば、xeccai（シェカイ・世界）の代りに cecai（セカイ）といひ、saxeraruru（サシェラルル）の代りに saseraruru（サセラルル）といふ。このはつおんをするので、関東のものは甚だ有名である。

ハ行音は、キリシタン文献では［f］で表記されている。また、『後奈良院御撰何曽』（永正十三年〈一五一六〉成）にある、

母には二度あひたれど父には一度もあはず　くちびる

は、「母（はは）」を言うときには、「唇が二度あう」すなわち［FaFa］であったことを示している。

はわ（母）にて候ひしもののみうらに候ひしが　（源頼朝書状・鎌倉遺文、八五二）

などのハ行転呼音の例があるが、この発音は、両唇無声摩擦音のFが、両側を母音に挟まれ、両唇有声摩擦音のWに変わったものであり、ハ行の子音がFと、現在の［h］ではなかったことを示している。

なお、朝鮮資料の『伊呂波』（一四九二年刊）にはハ行の子音を［h］で表わす例が見られ、中世末期にはその傾向が現われたといえる。

連濁

朱雀門より始て、応天門（おうでんもん）・会昌門・大極殿・豊楽院　（『平家物語』一・内裏炎上）

方士（はうじ）をして不死の薬を尋給ひしに　（同、七・竹生嶋詣）

軍兵（ぐんびやう）内裏に参じて　（同、一・清水寺炎上）

聖徳太子十七ケ条の御憲法（けんばふ）に　（同、二・教訓状）

これらの語は、現代語とは異なり、連濁（有声化）している。この連濁の現象についてロドリゲスは、次のように述べる。

「にごり」(Nigori) になる性質の音節を頭に持った言が、ŏ, ô, ŭ,n の後に続く場合には、それを「にごり」に発音しなければならない。日本人はその事を、Vmno xita nigoru（うむの下濁る）と言ってゐる。…この法則には例外がある。各自が気づくことだらうが、同音異義語を避ける為とか、他の関係によるとかして、後に続く音節を往々にして、「にごり」(Nigori) としないことがあるのである。　（『日本大文典』）

「う（長音）」「む（撥音）」の下にくる音は濁音化することを述べたものであるが、『平家物語』の例はそれに合致している。引用の例はいずれも漢語の例であるが、次のような例も見ることができる。

矢とってつがひ、南無八幡大菩薩と、心のうちに祈念して、よッぴいてひやうど射る　（『平家物語』四・鵺）

どこへいかうどするぞ　（『周易抄』五）

二　文　字

平安時代は、仮名による文学が盛んであったが、その末頃から『今昔物語集』のような漢字・片仮名併用の文章が綴られるようになった。鎌倉時代、軍記物などでは、和漢混淆文が書かれるが、このなかでは漢語・漢字がふんだんに使われる。平安時代、男性が用いるものであった漢字は、この時代になると、多くの人に使われるようになった。しかし、その一方で漢字の知識不足を嘆く意見も出る。

慈円（一一五五―一二二五）は、当時の漢字について、学問をする人間のなかにも使いこなせない者があるという。

偏ニ仮名ニ書ツクル事ハ、是モ道理ヲ思ヒテ書ル也。先是ヲカクカ、ント思ヨル事ハ、物シレル事ナキ人ノ料也。此末代ザマノ事ヲミルニ、文簿ニタヅサワレル人ハ、高キモ卑キモ、アリガタク学問ハサスガスル由ニテ、僅ニ真名ノ文字ヲバ読メドモ、又其義理ヲサトリ知レル人ハ少ナシ。

（『愚管抄』二）

歴史書であるから、漢字・漢文が原則である。しかし、あえて仮名を用いた。それには理由があると慈円は主張した。当時、僧俗ともに学問をせず、漢字で記した文献の理解ができないので、このような文章のスタイルがよいのだとする。

今カナニテ書事タカキヤウナレド、世ノウツリユク次第トヲ心ウベキヤウヲ、カキツケ侍意趣ハ、惣ジテ僧モ俗モ今ノ世ヲミルニ、智解ノムゲニウセテ学問ト云コトヲセヌナリ。……コトバコソ仮名ナルウヘニ、ムゲニヲカシク耳チカク侍レドモ、猶心ハウヘニフカクコモリタルコトヲ侍ランカシ。……ハタト・ムズト・キト・シヤクト・キヨトナド云事ノミヲホクカキテ侍ル事ハ、和語ノ本体ニテハコレガ侍ベキトヲボユルナリ。

（同、七）

漢字・漢文の知識の衰退を嘆くとともに、和語のなかにこそ心がこもるとしているのである。

慈円のような高度な知識をもつ者にとって不満はあったであろうが、当時、漢字が一般の人びとの生活のなかに現われる機会は前代に比してはるかに多くなっていた。

医師篤成、故法皇の御前にさぶらひて、供御の参りけるに、「今参り侍る供御の色々を、文字も功納も尋ね下されて、そらに申し侍らば、本草に御覧じ合はせられ侍れかし。ひとつも申し誤り侍らじ」と申しける時しも、六條故内府参り給ひて、「有房ついでに物習ひ侍らん」とて、「まづ、『しほ』といふ文字は、いづれの偏にか侍らん」と問はれたりけるに、「土偏に候」と申したりけるに、「才のほど既にあらはれにたり。いまはさばかりにて候へ。ゆかしきところなし」と申されけるに、どよみに成りて、まかり出でにけり。

（『徒然草』一三六段）

医師篤茂（和気氏）は、典薬頭であり、法皇（後宇多）の大膳大夫であった。ここは過度の自慢に有房（源）が口を挟み、篤茂は「鹽」を「塩」（俗字）で答えて恥をかくという話である。平安時代、学問を暗示する問答は清少納言の周囲で有名であるが（『枕草子』の「大進生昌が家に」「頭の中将のすずろなるそら言を聞きて」「雪のいと高う降りたるを」等）、ここは漢字そのものが対象となっている。同様の漢字を材料にした謎は『後奈良院御撰何曽』にも、次のような例がある。

梅の木を水にたてかへよ　海
鷹心ありて鳥を取る　應
嵐は山を去て軒のへんにあり　風車
竹生嶋にあり嶋もなし　笙
道風がみちのく紙に山といふ字をかく　嵐
廿人木にのぼる　茶
戀には心も言もなし　絲

紅の糸くさりて虫と成る　　　　　　　　　　　　　虹

山を飛あらしに虫ははて鳥来る　　　　　　　　　鳳

はたちのこさか立ながら生るゝ　　　　　　　　　薩

これらの漢字による謎ができたのは、漢字に対する関心と知識の広がりがあったからであろう。室町時代には、節用集・下学集といった漢字を書くための辞書も多く作られるようになるが、これも漢字の一般生活への広がりの例と考えてよかろう。

室町時代末期にはキリスト教の宣教師が来日し、各地の学林ではキリシタンの持ち来たった印刷機による印刷が行なわれた。そこでは、各種ローマ字表記が行なわれる。しかし、それらはあくまでキリシタンのものであり、日本人のなかに浸透するまでには至っていなかったと考えられる。

仮名遣の論議

音韻の変遷の結果、仮名文字の使用に際しては、仮名遣のきまりが考えられるようになる。仮名文字は、本来、一字がある音を表わすものとして考えだされた。仮名文字の使用されだした時期には、それぞれの文字に対応する音があり、また、反対にある音に対応する文字が意識され、そこに混同という問題は生じなかった。しかし、時代の経過にともない、発音体系にずれが生じ、従来、異なる音であったものが同じ音と意識されるようになる。ここに、音と文字との一対一の対応が崩れ、表記上の混乱が生ずることとなる。そこで、仮名遣が論議の対象となってくる。

仮名遣が論議された最初は藤原定家によるものとされる。定家は寿永元年（一一八二）の『入道大納言資賢卿集』の書写に際して、仮名の使い分けを実行しているとされ、さらに『明月記』正治二年（一二〇〇）九月二十七日、「たけたかき色紙也。依レ御一反見レ之。無僻事。しろたえとあるをしろたへと可候之由申畢巻之」という記事があったとされる（山田孝雄『仮名遣の歴史』）。「白妙」の仮名遣を論じたものであり、時に定家は三九歳、この記事どおりに信じれば、若い時期から仮名遣に関心のあったことが知られる。『下官集』には、さらに「を・お」「え・へ・ゑ」「ひ・ゐ・い」の項に分け、約六〇の語を挙げて、使うべき仮名文字を示している。

定家は、古い文書をもとにした、いわゆる歴史的仮名遣であることを述べるが、このうち、「を・お」の使い分けは、歴史的仮名遣に合わないものが多く、これは当時のアクセントをもとに（上声を「を」・平声を「お」）と使い分けが考えられたからであることが、現在明らかにされている。

この定家の仮名遣は、のちに、源知行（行阿）（生没年未詳）のまとめた『仮名文字遣』（貞治二年〈一三六三〉以後成）に発展する。定家仮名遣に関しては、長慶天皇の『仙源抄』（弘和元年〈一三八一〉成）で、アクセントによる「を・お」の使い分けを批判されるが、鎌倉・室町時代を通じて、定家仮名遣は、仮名遣の主流であった。

三 語法

名詞

鎌倉時代は、平安時代と同様に格助詞を使わない言い方があった。

朝に死に、夕に生るゝならひ、たゞ水の泡にぞ似たりける。不知、生れ死ぬる人、何方より来たりて、何方

へか去る　　　　　　　　　　　　　　　　　　　　　　　　　　　（『方丈記』）

「ならひ」「人」は、どちらも名詞に助詞が付かず使われており、その点で平安時代の言い方と共通する。さきに述べたとおり、これが室町時代のキリシタン文献や抄物などの口語資料になると、助詞の付かない名詞の使い方は減り、現代語と近い形になってくる。

『手爾葉大概抄』（伝藤原定家）は中世に盛んに作られた「てにをは秘伝書」の一冊であるが、そのなかで「てにをは」の機能の一つに「音声因レ之相続」があると説く。これを『手爾葉大概抄之抄』（伝宗祇）では、「つゞかざる詞の処へ『の』ゝ字入ればやすらかに相続するたぐひなり」と注釈しており、助詞によってことばを続け、表現をまとめるという認識が生まれていたことになる。助詞の付かない名詞だけの表現をしつつ、意識のなかには、ことばの続きを考える考え方が生じ、室町時代の口語資料に見られるような表現の方向に進むのである。

表現のなかで、それぞれの語が、他の語に対しどういう関係で続くか、話の場のなかで捉える場合にはほとんど問題の生じないことであった。鎌倉時代から室町時代へという、時代の流れのなかで、文中の語句の関係を明示しつつ表現する方向に進んだことは、話の場とはできるだけ切り離すかたちで表現を行なおうとする方向への変化であったといえる。

動　詞

終止形と連体形

鎌倉時代に終止形と連体形とが合一化する。平安時代末から、会話語を連体形で終える言い方が盛んに用いられるようになった。終止形で、それ以外にはないと言い切る固い感じよりも、余情をもった、柔らかい感じの連体形が好まれたからであろう。その傾向が増して、文末には連体形を使うことが一般化した。終止形の言い切ることで断言する機能よりも、連体形で余韻を残すことで表現を柔らかくするほうが日本語の表現には合うと考えられたからであろう。

連体形の終止法が一般化し、文末を終止形・連体形のどちらで終えても、変わりがないようになる。これが連体形・終止形の合一化である。

この終止形・連体形の合一化にともない、ナ行変格活用の連体形には「のけざまに倒れて死ぬもあり」(『保元物語』)という例も見え、四段活用に近づいたことが知られる。しかし、ナ行変格活用は前代同様の活用形式で使われており、完全に四段化するまでには至っていない。

ナ変と完了の助動詞「ぬ」とは活用が同じであり、前の時代までは、ナ変の後に「ぬ」の付くことがなかった。この時代には、ナ変の後に「ぬ」の付いた例が見られるようになる。

年久しくありて、なほわづらはしくなりて死ににけり　(『徒然草』四二段)

二人河原へ出であひて、心行くばかりに貫ぬき合ひて死ににけり　(同、一一五段)

これがナ変の四段化の結果か、ナ変あるいは「ぬ」の語源意識の薄れの結果かは明らかではない。

ラ行変格活用は、終止形と連体形とが異なる語形となることで四段活用と区別される活用であった。終止形・連体形の合一化によって四段活用化することが予想されるが、しかし、この時期にあっては、前代同様、終止形に「あり」が使われており、ラ行変格活用であることに変わりはない。

二段活用の一段化

二段活用の一段化ということも、簡略化に進むということにおいてはことばの自然のなりゆきといえる。この変化は、古くから始まっていた(上二段から上一段になる「ひる」、下二段から下一段になる「蹴る」等）が、この時期においても、それが進んだことになる。一方、「みよし野の故郷人も君住めば又にぎはふる時にあるらし」（宗良親王『李花集』文中三年〈一三七四〉成立）の「にぎはふる」のように、もともとは四段活用であったものを二段活用に用いた例も見出される。二段活用の一段化に抗しようという結果であり、二段活用が不明確なものとなった結果でもある。二段活用が一段活用になるように、活用は簡略化し、活用の種類は減少する方向を進むが、鎌倉・室町時代はそれをうかがわせるものを見せつつも、九種類の活用がまだ行なわれていた。

已然形の仮定形化

活用形は、終止形・連体形に変化を見せたほかに、已然形が仮定形化の方向に進んでいく。已然形は、その動詞の表わす事態がすでに生じたものであることを示しつつ、後の語句に続ける機能のある活用形であった。平安時代には、後に続ける部分は接続助詞が表わすようになり、已然形は、すでに生じたという意味を表わし、そこでは切れない活用形であった。例えば「風吹けば…」という形であれば、すでに風が吹いたことを示し、「ば」に続いた。そのなかから、すでに生じたの意味がなくなれば仮定形になる。已然形は仮定形に変化する活用形であるが、次のような例を見ると、その変化の始まりはほぼこの時期にあったと考えられる。

医師の申ししは、「首より足うらまで、うみしるをすひねぶれば速に平癒なむ」と申ししかども（『今昔物語集』巻六第六話では、「吸ヒ舐レラバ」とある）（『打聞集』）

彼等が妻子どもが、さこそは歎き候ふらめ。今や下る〳〵と、待候らん処に、切れたりと聞こえしかば、いかばかりの歎にてか候はんずらん（『平家物語』百二十句本・七〇句）

已然形が仮定条件の文脈で使われたものが、すなわち仮定形であるが、この変化は、已然形が仮定条件を表わすようになったというよりは、已然形に確定の意味がなくなって、単に動詞の表わすだけの動作・作用の内容を表わしつつ「ば」に続く形になり、その結果「（動詞）・ば」の意味、すなわち、動詞の意味を受けて条件関係を表わすだけとなったものといったほうがよい。「風吹けば…」であれば「風が吹く」ことと「ば」の意味である。このようにして、已然形が仮定形に変わったと解釈できる。

命令形の「ろ」　命令形は、室町時代になり、下二段・カ変・サ変の場合、語尾に「い」の形が現れるようになる。

いなせてくれい　（『虎明本狂言』「墨塗」）
千里の駒を買てこい　（『毛詩抄』二）
あれで御自害をなされい　（『平家物語（天草本）』）
件の柿を湯上りに持つて来い　（『伊曽保物語（天草本）』）
この事が外へ聞えぬやうにせい　（同）

命令形では、鎌倉時代の『塵袋』（文永・弘安頃〈一二六四―八八〉成）に「阪東ノ人ノコトバノスヱニロノ字ヲツクル事アリ、ナニセロ、カセロト云フ」とある。九州地方も同様であった。

Agueyo（上げよ）、Miyo（見よ）などのやうなYo（よ）に終る命令法に於いて、Yo（よ）をRo（ろ）に変へる　（ロドリゲス『日本大文典』肥前・肥後・筑後）

関東のことばで命令形の語尾に「ろ」の付くことは、『万葉集』の東歌・防人歌にその例があるが、現代の東京語でも同じである。

形容詞

ク・シク活用の区別の消滅　形容詞は、平安時代にはク活用・シク活用の二種があった。平安時代末期にシク活用の形容詞が「―しし」となった例が見える。

秋ふかみ風ははげししむべしこそよもの里人衣うつなれ　（『東塔東谷歌合』承徳元年〈一〇九七〉）

この傾向は室町時代に及んでさらに顕著となる。

善導・法然が通力いみじしといふとも天魔外道には勝れず　（日蓮上人遺文）

それも恋しく、又これもいとほしし　（謡曲「唐船」）

この結果、ク活用・シク活用の区別が消滅し、活用が一種類となった。もともと、ク活用・シク活用の区別は、前者が状態性、後者が情意性と、それぞれ意味が区別されたが、その形のうえの区別が消滅したことを意味する。

「―き」から「―い」へ　活用形では連体形語尾の「―き」が「―い」に転じる。「ねったい、さらば景季もぬすむべかりけるものを」（『平家物語』）など。動詞の場合と同じように終止形・連体形の合一化ということがあり、終止形にも「―い」の語尾が用いられるようになり、室町時代には「―い」の形が一般になった。

助動詞

時の助動詞　「き」「けり」「つ」「ぬ」「たり」「り」と六語の助動詞のなかで、室町時代末期までに「**たり**」

（転じて「た」とも）と「つ」の二語だけになる。「た」の形で使われた例は平安時代末期に見ることができるが、この時期の文献にはさらに例が増える。

「宣旨とはなんぞ」とて、きッた候　（『平家物語』四・信連）

橋をひいたぞ、あやまちすな　（同、四・橋合戦）

いかに小次郎、手おふたか　（同、九・一二の懸）

当時の文語体のなかでは「たり」「つ」以外の語も使われるが、

彼等が妻子どもが、さこそは歎き候ふらめ。今や下る〳〵と、待候らん処に、切れたりと聞こえしかば、いかばかりの歎にてか候はんずらん　（『平家物語』百二十句本・七〇句）

と使われる「しか（き）」の例は、未確認の事態に使われ、平安時代の「き」とはまったく異なる使い方である。「たり」が使われてよい文脈であり、「た」で捉えられた文脈に文語体として「き」が使われたと考えるべき文脈である。考え方の基盤に「たり（た）」があったと考えられ、時の助動詞のなかでの「たり（た）」の広がりが感じられる。『平家物語（百二十句本）』と『平家物語（天草本）』とを対照すると、

後影よも見えじとぞ申ける　（百二十句本）
後影も見えまじいと語った　（天草本）

さるほどに、武者こそ後に続いたれ　（百二十句本）
さうするほどに武者が後に続いた　（天草本）

六条河原にて終にきられぬ　（百二十句本）
六条河原でつひに切られた　（天草本）

のように「た」に置き換えられる。また、『平家物語（覚一本）』と『平家物語（流布本）』とを対照すると、

是に都より流され給ひし丹波少将殿　（覚一本　巻二・足摺）

これに都より流され給ひたりし平判官康頼入道　（流布本）

この由ひそかに奏せられければ　（覚一本　巻五・福原院宣）

この由ひそかに奏聞せられたりければ　（流布本）

と、同一文脈で「たり」の補われた表現がある。「たり（た）」以外の語の時の意味が希薄になり、それを「たり」で補う形で述べられたもので、ここからも「たり（た）」の広がりと他の語の使用の減少が理解できるのである。

ことばの変化の過程では、ある語が日常的でなくなり、語の意味が曖昧になると、従来の意味を果たそうとして他の語で意味を補うということがしばしばある。完了の「ぬ」の前に「了る」を補った例も見られ、この語が日常的でなくなったことを知ることができる。

次に刀の事、主殿司にあづけおき了んぬ　（『平家物語』一・殿上闇討）

「つ」は「たり」とともに、後まで使われた語であるが、『平家物語（天草本）』では、「けん」を「つらん（つらう）」で置き換えたり、「…つ…つ」のなかで用いられたりするときに見られることが多く、「たり（た）」に比較し使われる場は少なかった。

道の辺に清水流るる柳蔭しばしとてこそ立ち止まりつれ　〈第五句「立ち止まりけれ」の異文もある〉

（『新古今集』夏・二六二）

の歌で、宗祇は、

たちどまりつれと云本多分あり。堯孝法印の自筆の本に「けれ」とあり。「けれ」にても心同じ。しからば「けれ」はまさるべきか
（『詠歌大概注』）

と、「つ」と「けり」とを同意の語としており、この語の意味のあいまい化していたのが知られる。

時の助動詞に関しては、この時代、過去の事態を表現する述語には時の助動詞を付けようとする意識があった。

建久四年（一一九三）の『六百番歌合』の、

左　藤原良経

知らざりし我が恋草や茂るらん昨日はかかる袖の露かは

右　慈円

今朝までもかかる思ひはなきものをあはれあやしき袖の上かな

右方申云　左歌「かかりし」とこそいはまほしけれ。

左方申云　右歌「今朝までもかかりつる」とこそいはまほしけれ。

判（俊成）云　左歌「かかる」の難、可レ然歟。右歌「かかりつる」とはいふべからず。「かかる思ひはなかりつるものを」とぞあるべき。（下略）

建仁二年（一二〇二）の『千五百番歌合』の、

氷せし嵐を春に吹きかへて昨日は聞かぬ谷の下水　藤原保季

判（藤原忠良）「昨日は聞かざりし」とこそいはまほしくや聞ゆらん。（下略）

と、過去の事態を表わす動詞の後には時の助動詞が必要であることを述べた例が見られる。

この時代の例としては、

今ハ昔、震旦ノ疑観寺ト云フ寺有リ　（『今昔物語集』六の一二）

今ハ昔、聖武天皇、東大寺ヲ造テ開眼供養シ給ハムトスルニ、其時ニ行基ト云フ人有リ　（同、一一の七）

伝へ聞く、古の賢き御世には、憐れみを以て国を治め給ふ　（『方丈記』）

我平相国のむすめとして天子の国母となりしかば、一天四海みなたなごころのままなり　（『平家物語』灌頂・六道之沙汰）

昔、延喜の御門の御時、五条の天神のあたりに、大きな柿の実ならぬあり　（『宇治拾遺物語』三二）

というような、述語に時の助動詞が使われない例が多い。「今ハ昔」「古の賢き御世」「音」のような、いつと指定する語が使われていれば、述語の段階では時の助動詞が使われなくともよかったのである。この表現方式は平安時代にもあった。多く見られるわけではないが、次のような例である。

昔、世心つける女、いかで心なさけあらん男にあひ得てしがなとおもへど、言ひ出でむも頼り無さに、まことならぬ夢語りす。子三人を呼びて語りけり。　（『伊勢物語』第六三段）

この場合、「夢語りす」が「昔」のことであったのに、助動詞の付かない動詞「す」が述語となっている。このように、助動詞の付くことが必須の条件ではなかったのである。そして、それでもよかったのである。しかし、『六百番歌合』『千五百番歌合』の時代になると、付けないのは不当で、付けなければならないという意識が生まれ、それが、現代語（ただし現代語でも文語の場合には付けない言い方もされる）にいたるのである。

推量の助動詞　推量の助動詞では、平安時代に「らし」が使われなくなったが、この時代には「らむ（ん）」「けむ（ん）」といった助動詞も使われなくなってゆく。

八日は薬師の日なれども、南無と唱ふる声もせず、卯月は垂迹の月なれども、幣帛を捧る人もなし。あけの玉墻神さびて、しめなはのみや残るらん
（『平家物語』二・山門滅亡）

ここでは、現実にある状況を「らん」を用いて述べている。次も同様である。

春のゆふべを来て見れば、いりあひの鐘に花や散るらん、花や散るらん
（謡曲『道成寺』）

「らん」は、本来の意味から離れた使い方で使われるようになったことが分かる

ほととぎす名をも雲井にあぐるかな
（『平家物語（覚一本）』四・鵺）

ほととぎす雲井に名をやあぐるらん
（『平家物語（百二十句本）』）

右はどちらも源頼政が鵺を退治したのを賞めて藤原頼長が作った歌である。同じ歌が「かな」「らん」と異なる語で表わされることから分かるように、「らん」は「かな」に通ずる使い方をもされたのである。さきの「らん」も同様である。「らん」はまた、『平家物語（天草本）』では、

鎌倉殿までもさる者のあるとはしろしめされつらう

暮れても思ひゐたれば、もの思ふ心がほかにしるうや見えつらう

のように「つ・らう」の形で過去推量「けん」の訳語としても使われた。これは「らん」が現在推量でなく、推量の意味となっていたことを示している。「らん」が推量の意味となれば、推量を表わす語としてはすでに「む（ん）」があるので日常語として必要がなくなり、結局、古語化することになる、その結果、日常語ではなくなることで、文の雰囲気を盛り上げる効果のある語となった。さらに、推量の意味で断定のような強い印象を与えなかったことが「かな」に通じる使い方になったと考えられる。

「けん」は、『平家物語（天草本）』では「つ・らん」と訳された。「つ・らん」の二語になったということは、

「つ（実現した事実）」「らん（推量）」と分けて捉えられたことであり、過去推量は一概念となり、「けん」一語では表わせないものとなったのである。

「**む**」は「う」の形が一般的になった。「む」から「う」への変化は、平安時代末に始まり、鎌倉時代に変化が進んでゆく。

いかに佐々木殿、高名せうどて不覚し給ふな　（『平家物語』九・宇治川先陣）

室町時代には、一段活用に付くときに「よう」となる変化があり、現代語の「う」「よう」両形の併用へとつながる。

使役の助動詞　鎌倉時代の軍記物には特有な表現が行なわれる。

堅物太郎討たせ候ひぬ　（『平家物語』九・知章最期）

むかへの岸より、山田次郎が放つ矢に、畠山馬の額を箆深に射させて　（同、九・宇治川先陣）

受身と解される部分に本来は使役の意の「**す・さす**」を用いたもので、受身の意が他から何かをこうむる意味を含みもつことから、やられたのではなくて、やらせたとすることによって、武士的な雰囲気を作りあげる効果を意図したものと考えられる。これは、合戦場面に多い表現であるが、

船も漕ぎかくれ、日も暮るれども、あやしの臥しどへも帰らず、浪に足うちあらはせて、露にしをれて　（『平家物語』三・足摺）

のように使われているものの延長線上にあったものと考えられる。このような、受身の文脈に使役を用いるということは、その動作主体が明確に意識されたからにほかならない。

可能表現　「**る**」「**らる**」は、受身・自発・尊敬・可能という四つの意で捉え分けられる語であった。このうち、可能の意を表わす言い方は、平安時代には打消の文脈で不可能の意味でもっぱら使われていた。すなわち、不可能の捉え方はなされるが、可能の捉え方はしないということである。言い換えれば、「…できない」と考えることはあっても、「…できる」とは考えなかったということである。

鎌倉時代においても、「る」「らる」を肯定文のなかで用いた、いわゆる可能を表現した例は少ない。『平家物語』でも、打消の文脈で、不可能の意で用いられていた。肯定文のなかでの可能の語としての「る」「らる」がどの時期に始まるかは定めにくいが、

　家の作りやうは、夏をむねとすべし。冬はいかなる所にも住まる――　（『徒然草』五五段）

の例は、可能の意に解される例である。

打消の助動詞　打消の助動詞では、鎌倉時代には「ず」が使われ、室町時代になると「**ぬ**」が一般的となる。現代語では「ぬ」とともに「ん」の形が使われるが、室町時代に次の例がある。

　院の御所は大膳の大夫が宿所西の洞院であつたれば、御所の体もしかるべからん――所で、礼儀を行はれうずることでなければ、よろづ政もなう、もの淋しい体でござつた　（『平家物語（天草本）』四）

打消の語としての「ん」の例は室町時代はごく稀であり、それが一般化するのは江戸時代になってからである。現代語で使われる「ない」は、三河より東の地方で用いられ、それが西で用いられる「ぬ」と対比的な関係にあることがロドリゲスの『日本大文典』に記されている。後に見られる「ぬ」「ない」の地域的な関係が室町時

代末に存在したことが知られる。

助　詞

助詞の使用の増加　平安時代語と現代語をくらべてみると、後者には助詞の使われている文脈に、前者にはそれが使われていないことが多い。

都離れて後、昔、親しかりし人々、あひ見ること難うのみなりにたるに（『源氏物語』須磨）

このような文脈では、現代語では、「都ヲ離れて」「人々トあひ見る」「ことガ難う」のようにそれぞれ助詞を入れて表わすのが一般である。

室町時代の抄物・キリシタンの口語文献などでは、助詞の使われる場合が、現代語に非常に近づいている。その意味から、室町時代以降の言語をもって近代語と規定することがある。だが、それまでの変化を検討すると、そのきっかけは、すでに鎌倉時代に始まっていた。その意味で、鎌倉時代を近代語の萌芽期と考えることもできる。動詞・助動詞の表現でも鎌倉時代に現代語に変化してゆく方向を見ることができたが、助詞の面でも同様のことが考えられるわけである。

主語意識の発生　平安時代には、主格を表わす格助詞はなかった。また、その時代には主語にあたる語をことばとして表出するとは限らなかった。主語にあたる語をことばとして使わないとすれば、それはその文では主語を意識しないことであり、そのことは、主格の格助詞がなかったことと無縁ではない。

平安時代末に、主格の格助詞として「**の**」「**が**」が使われるようになる。

児漸ク長大シテ身ノ才広ク心ノ達（喜）レリ　（『今昔物語集』二の八）

藁筋一筋ガ柑子三ツニナリタリツ。柑子三ツガ布三疋ニナリタリ　（『古本説話集』）

平安時代までは、「の」「が」は下の語句に続く意を表わしており、主格というものではなかった。平安時代末になって、主格という意味での「の」「が」の例が見えだす。そして、この時期は、この表現の主語は何かという反省をした例が見られるようになる時期でもある。主格の格助詞の使われだすことと、この語の主語は何かと考えられるようになることと無縁なはずはない。主語は何かと考える意識が出たから、主格の格助詞が必要となり、それが、「の」「が」を主格として用いることに展開したといってもよい。これ以後、室町時代になると、主格の助詞には「が」が多く使われるようになり、「の」は連体格、もしくは従属節における主格の表現に用いられるようになる。この「の」「が」に関しては、「の」は、尊敬の意をこめて用い、「が」は、その者を低める働きをするという区別をした、次のような記述も見られる。

キヨミガセキヲモ、ウルハシウイハヾ、キヨミノセキトコソイフベケレ、コレヲ大旨ハケタムコトバナリ。シヅガナドハサグルコトバトオボヘタリ。オホヤケヲキミトヨムハナメシトイフベケレド、ウヤマフコトバヨミナラハシタリ　（顕昭〈一一三〇？―？〉『古今集注』）

何ゾ佐太ブリノ用ハ、佐太ト云ガ賎シカルベキカ、忝クモ守殿ダニ未ダ年来名不召ネ、何ゾ和女ノ佐太ガト云ラム、此女ニ物習ハサムト云テ　（『今昔物語集』二四の五六）

「が」これは謙遜して言う時の主格の助辞である。　（『邦訳日葡辞書』）

「が」この格辞は丁寧な言ひ方をする場合の主格に用ゐるものであって、それの接続する名詞が意味する者を卑下する。第一人称に用ゐ、又低い地位の第三者に用ゐる。…他人を軽んじ侮る時も用ゐる。…

「の」関係句の中で第二人称及び第三人称に用ゐるのが普通であって、それ自身ある敬意を含み、或いは少くとも軽蔑する意のない助辞である。

（ロドリゲス『日本大文典』）

空間・時間の捉え方

「に」は場所・時を指示する語である。「に」が、この二つの意味の語に付きえたことは、これを類似の概念として捉えたことを示している。古く、日本語では、一語一語、事柄を空間・時間的な意味で、現実にあるものと捉え、空間と時間とを切り離し、それぞれ捉え分けることはしない傾向にあった。現実に即し、具体的であった。空間の指示にも、時間の指示にも「に」を用いたのは、この傾向を反映したものといえる。

「に」は、場所・時間を指示する語であったが、現代語のような、下に来る語との関連の意識される語ではなかった（第二章参照）。現代語で「に」は動かずにいる場所の指示、「へ」は動いてゆく場所の指示と意識されることがあるのも、下の語との関連が意識されるようになった結果といえる。そして、下に来る語の動詞が動作性の場合は、「にて」「で」によってその場所を指示する方向に変化してゆく。

祖父ハ百三十ニテナム死ニシ、亦、其レガ父ヤ祖父ナドニ百余デナム死ニケリ　（『今昔物語集』十の三六）

「で」の例は平安時代末には見られる。鎌倉時代までは「にて」が優勢であったといえるが、室町時代には「で」が多く使われるようになり、「にて」は文語的な語に移ってゆく。

助詞の意味の狭まり

連体格としての「の」は、下の体言に続く場面で使われていたが、この時期には、上の名詞が下の名詞にとっての動きの方向であるときにはそれまでの「の」だけの表現に代わって、「への」という言い方が行なわれるようになる。「の」の意味の狭まりといえる（第二章参照）。

同様のことは、「は」「も」の場合にも見られる。「は」はある一つの事柄を取りだして指示する語であり、「も」はそれまでに述べてきたことにさらに付け加えるべきことを指示する語である。文中の他の語句との照応を必要とする語であったわけではない。

五月雨は見えし小笹の原もなしあさかの沼の心地のみして　（『後拾遺集』夏・二〇七）

「五月雨」ということを取りだして指示する働きを「は」が果たしていた。宗祇『分葉』では、このような場合「五月雨の頃は」とする解釈を示すが、その裏に「は」を受ける語が必要であるとする意識が生じたからであろう。文中の語句の照応関係が意識されるようになった現われともいえよう。さきの「の」と同様の言い方をすれば、「は」の表わす意味の狭まりということができる。

係結びの混乱　「ぞ・なむ・や・か」といった連体形で結ぶ係結《かかりむす》びは平安時代末期に、終止形・連体形の機能の差の消滅とともに係結びの意義が消滅し、形式も混乱した。

一方、「こそ」の結びは、平安時代になると、已然形の機能の変化にともない「信濃なる園原にこそあらねど も我がはゝきゞと今は頼まむ」（『後拾遺集』雑五・一一二八）のように、結びとなる語の下に接続助詞の付いた例が見られるようになる（第二章参照）。このように、「こそ」の結びの下に接続を表わす語を付ける形式は時代とともに増加してゆくが、接続助詞の付く形として次のような種類がある。

(1)　連用形・とも

思出でて忍ぶまでこそ難くとも見し人訪はむ数にもらすな　（『新千載集』哀傷・二二六八）

(2) 終止形・とも

千枝にこそかたらはずとも時鳥信太の森の一声もがな　（『新後拾遺集』夏・一九一）

(3) 連体形・に

いかにせむ背かばとこそ思ひしに捨てても憂きは此世なりけり　（『風雅集』雑下・一八八九）

(4) 連体形・を

偽を頼むだにこそはかなきを契らぬ暮のなど待たるらむ　（『新後拾遺集』恋三・一〇九六）

(5) 連体形・ものを

袖にこそ泪の雨は降るものをなど待つ宵の又さはるらむ　（『新千載集』恋三・一三七五）

(6) 連体形・ものから

さてもともとはれぬ今は又つらし夢なれとこそ云ひしものから　（『風雅集』恋一・一〇一九）

(7) 已然形・ど

有明の月こそ見しにかはらねど別れし人は影だにもなし　（『続千載集』恋四・一五一三）

(8) 已然形・ども

哀なり蜑のまてがた暇なみ誰もさてこそ世は尽くせども　（『新拾遺集』雑中・一七三八）

もちろん、已然形で結ぶ形が消滅したわけではない。むしろ、その形は多く、その点から、連体形で結ぶ係結びは早く乱れたが、已然形で結ぶ形は後代まで残ったといわれていた。さきにも引いた「道の辺に清水流るる柳蔭しばしとてこそ立ち止りつれ」（『新古今集』）のように「…こそ…已然形」の形で表現され、しかも、古い時代と同様に「しばらくと思って立ち止まったのに」という逆接の意味もある。おそらく、終止形・連体形は形のうえで同じ語形となることがあったのに対し、已然形は、命令形のような特殊な意味をもつ活用形は別にして、他の活用形と異なる語形であることから、形のうえで残る可能性が高かったのであろう。

この「道の辺に」の歌に関しては、宗祇が、

すゞしげなる木のもとなれば、たちどまりしに、暑気を忘るゝまゝ日をくらしたる様の心なるべし。しばしと思ひつるものをといひ侍る心也　（『詠歌大概注』）

と、結びとなる語の後に「ものを」の語を加えた注釈を行なっている。「こそ」の係結びで逆接の意味が表わされれば、「ものを」の語を補う必要はなかったはずである。それを補う必要があったのは、「こそ」の係結びで逆接の意味を表わすことができなかったからであったということになる。ここに引いた(1)から(8)のような形が作られたのは、逆接の意味を果たすために必要であったからと考えられる。また、そのように逆接の意味を果たせなくなったにもかかわらず、このようにしてまで従来の意味を表わそうとしたのは、「こそ」が強意という意味を表わしたからでもある。

なお、この時代、和歌の作法書のなかでは、係結びの形式を守ろうとして次のような教えがあった。

ぞるこそれ思ひきやとははりやらんこれぞ五つのとまりなりける　（『姉小路式』）

古曾者兄計世手之通音、志々加之手爾葉、尤之詞受レ下留レ之。雖レ不レ受持レ心則留也。……曾者宇具須津奴之通音　（『手爾葉大概抄』）

えけせてねの通音とは、人もこそきけ　香をこそうつせ　霞をこそたて　えこそいかね　人をこそ思へ　風こそふかめ　身こそつらけれ　如此く一言ならず詞を隔つるも同事なり。

一、し　しか　のてにはとは、こそうれし　こそありし　こそ思ひ初しか　我こそ下に思ひしか。

一、とがめのことばとは、いかで　などか　いつ　の類なり。

新拾　しばしこそ卯花かきの時鳥いつかたもとはさみだれの空

同　いかにして涙つゝまん影やどす月こそ袖の色にいづとも

此一首はいかにといふとがめの詞上に置てこその字下にあり。まはすてにはなり。かげやどす月こそ袖の色に出共いかにして涙つゝまんなり。こその字とまれり。

永能百　我たのむ神に心のなびけかし身にこそつらき契りなりとも

是また同事なり。身にこそつらき契り成とも心のなびけかしと、しの字にて留れり。故に下留之。

・雖不受持心則留也。

こそと置き受て留る字はなけれ共、詞を残し或は　に　を　といひ捨ていひ顕さず。心に持てる詞の内に、えけせてねの通音等にてとまる様にいひ残せばこその文字とまれるなり。

古今　雪ふりて年のくれぬる時にこそつひにもみちぬ松もみえたり

みえたりけれと残れり。世にもれてこそつらき中垣　などいはんは、中垣とはなれ　と心にもてるなり。いはねばこそと思はずはなとあらんは、いはねばこそあれと思はずはと残せり。浮世こそあだしならひをとゞめたらんは何なげくらんと心にもてり。浮世こそあだしならひにといひたらんはなにかたのまんと残詞聞えり。こそとばかりいひ捨たるもあり。

春も過秋のくるゝもかぎりありまたもあひ見ん事をのみこそ

ことをのみこそ思へと残りてとまれり。

こそと有句、とまりはかならずけれと留り侍るべき句なれ共、句によるべし。

（『手爾葉大概抄之抄』）

仏こそ二つの河の渡し守

香に立を花こそ知らね春の風

それこそ是こそと名を云付侍れば、か様にも申べきなり。如此等の手爾をはなどは好士の上のこしつ也といへり。初心の時は発句は哉と留、第三はにてと留、こそといひてはけれと留、ぞとにごしてはると留、やとうたがひてはらんと留給べし

（心敬『馬上集』）

このような教えのあったことは、とりもなおさず係結びが自然の表現では果たせなかったということにほかならない。

四　文　体

公式の文書は漢文で書かれた。ただし、その漢文は、種々の面で日本語的な性格が入りこみ、いわゆる変体漢文といわれるものであった。『東鑑《あづまかがみ》』はその代表的なもので、「東鑑体」という名称が生まれている。漢文は書く生活の多くの分野で用いられる。「候（そうろう）」は敬語の補助動詞となるが、これを用いた「候文」が多用されはじめ、書簡文での代表的な文体となる。

和文は、前代の伝統を受け継ぐもので、物語・随筆などで用いられる。また、鎌倉時代になって編纂される説話集も、これを文体の基調とする。これは、擬古文的な性格をもつものであるが、習慣に従うという傾向が強く、古文を擬するという意図はそれほどに強くない。和文の文体でも、平安時代と同様の和文ではない。

鎌倉時代には「和漢混淆文」が文体として確立される。『平家物語』の文体に代表されるもので、平安時代の

和文・漢文訓読文の両要素を吸収し、それに当時の俗語を交えたもので、漢文のもつ論理的な明晰性・力強さと、和文のもつ連綿とした趣きをかね備えたものとなる。人びとに好んで受け入れられ、この後の文章にも大きな影響を与えた。

第四章　江戸時代前期（上方語）

慶長八年（一六〇三）、徳川家康は江戸に幕府を開いたが、十八世紀半ば頃まで文化の中心はなお上方にあった。日本語の歴史を奈良時代から語りはじめるとき、平安時代、鎌倉時代、室町時代といずれもその舞台は畿内であった。これが江戸時代の前期まで続いたというわけである。

室町時代の末から江戸時代の初期にかけては、宣教師の来日により、キリシタン資料が比較的豊富に残されているが、これらはむしろ室町時代の資料として用いられることが多い。江戸時代初期には狂言台本も書き残されているが、大蔵流（虎清本、虎明本）、鷺流、和泉流の伝書いずれも室町時代語の資料として用いられることが多い。十七世紀半ばに『狂言記』がはじめて刊行され、その後もこれは何種類かが出版されることになるが、『狂言記』には江戸時代のことばというべきものも見られる。

咄本《はなし》も江戸時代を通じて出版されるが、その会話部分には文章語ではない口頭語の表われていることがある。その他、井原西鶴を第一の作者とする浮世草子の諸作品もあるが、質量ともに豊富なものとしては近松門左衛門ほかの浄瑠璃、歌舞伎狂言がある。前期はこれらの作品を主たる資料として、いくつかの事象について眺めていくことにする。

一　音韻

近世前期になると現代の音韻に近くなる。

室町時代にはエ・オは［je］［wo］であったが、今期になると［e］［o］となる。オ段長音の開合の区別も今期になるとなくなる。「じ（［ʒi］）」と「ぢ（［dʒi］）」、「ず（［zu］）」と「づ（［dzu］）」の四つ仮名の区別もなくなり、「じ」と「ぢ」、「ず」と「づ」が合一化する。ハ行子音も［Φ］から［h］へと変わる。

ただ、合拗音のクヮはなお保持されていた。

長音の短音化　長音の短呼については、『片言』（慶安三年〈一六五〇〉刊）にも「臨終《りんじう》を○りんじゆ」「奔走《ほんそう》を○ほんそ」など言うとし、「湯を飲《のま》ふ、水をのまふ」などを「湯のも、水のも」のように言うのは、「略なれば耳にもさのみたち侍らねどこのましからずや」として挙げている。このような例はすでに『捷解新語』（康熙十五年〈一六七六〉刊）に、「心やす（心安う）おもわしられ」「さけにもはよ（早う）迷わる程に」「拝も（拝まう）」などと見える。

上方の文学作品でも、

おいとま申そ　（『心中重井筒』上）

隠さんしたは訳があろ　（『曽根崎心中』）

どこでどのよなこと有ても　（『卯月紅葉』中）

早ふ食（く）てしまや　（『大経師昔暦』上）

など少なくない。「申そ」「あろ」「飲も」などの短音化は、「申さう→申そう→申そ」のような変化をとったもので、開合が一つになったことによって生じたものである。

母音の無声化　現代東京語では「クサ（草）」「キシャ（汽車）」「アシタ（明日）」「（行き）マス」などのク・キ・シ・スは母音が無声化する。このような現象がすでにコリヤードの『日本文典』（一六三二年、ローマ刊）に見える。

i又はvで終る語が日本人によって発音される時には最後の母音は初学者にはほとんど聞きとれない。例えば、gozàru（ござる）を聞く場合 gozàr と聞えるし、また àxinofara（芦の原）を聞いても単に àxno-fàra と聞えるのである。　（大塚高信訳、四ページ）

開　合　オ段長音の開音［ɔː］と合音［oː］の区別は室町時代においてすでにかなりの混乱を見せている。近世に入って、『法華経随音句』（元和六年〈一六二〇〉成、寛永二十年〈一六四三〉刊）、『仮名遣近道抄』（寛永三年〈一六二六〉刊）、『類字仮名遣』（寛文六年〈一六六六〉刊）など開合の区別を指摘する書もあった。また、『謡開合仮名遣』（元禄十年〈一六九七〉刊）、『音曲玉淵集』（享保十二年〈一七二七〉刊）などの謡曲関係の書においては、開合の発音の別についても明示している。しかし、一般にはほとんど合一化していたのである。

なお、開音と合音の音価については従来の定説に対して、開音は［oo］、合音は［ou］であるとする説も出されている。(1)

四つ仮名　「じ・ぢ、ず・づ」の四つの仮名は室町時代にすでに混同が見られ、ロドリゲスの『日本大文典』（一六〇四―〇八年）において、都の人でもジ（Ii）とヂ（Gi）、ズ（Zu）とヅ（Dzu）を混同するとし、例えば、Fonji（本寺）をFongi（ほんぢ）、Iinen（自然）をGinen（ぢねん）、Giban（地磐）をIiban（じばん）、Giquini（直に）をIiquini（じきに）、Cono giū（この中）をCono jū（このじゅう）と言うとしている。そしてまた、ズとヅに関しては、例えば、Midzu（水）の代わりにMizu（みず）と言い、また逆に、Mairazu（参らず）の代わりにMairadzu（参らづ）と言うと記している。

江戸時代に入るとこの四つ仮名の混同はいっそう進む。日遠の『法華経随音句』には次のようにある。

時《ノ》字《ハ》シ仮名《ノカナ》也。住《ノ》字《ハ》チウ仮名《ノ》也。付之。シ《ト》チ《ト》ス《ト》ツ《ト》清《ム》時《ハ》無《レドモ》レ濫《スルコト》倶《ニ》濁《ル》時多《シ》レ濫《スルコト》。経文《ノミナラス》世話《ニモ》亦多《シ》レ誤《ルコト》。
水《ミツヲ》ミス《ト》云《ヒ》、紅葉《モミチヲ》モミシ《ト》二云類《ノ》如《キ》レ是也、是非二只《タ》田舎《ヰナカノミナラ》一京都人《ノ》亦《モ》有《リ》レ濫《スルコト》。

右では田舎の人だけでなく京都の人までが混同していると述べている。このような四つ仮名の混乱について記述したものとしては契沖の『和字正濫鈔』（元禄八年〈一六九五〉）があり、さらにこの四つ仮名についての専門書というべき『蜆縮涼鼓集』（元禄八年）には次のように記している。

其証拠を挙げていはゞ、京都、中国、坂東、北国等の人に逢て其音韻《おんゐん》を聞に、総《すべ》て四音の分弁《ぶんべん》なきがごとし。唯、筑紫方《つくしがた》の辞《ことば》を聞に、大形明に言分る也。一文不通の児女子なりといへ共、強《あながち》に、教《をしふ》る事もなけれども、自然に聞習ひて、常々の物語にも、其音韻を混乱《こんらん》する事なし

右では、今や四つ仮名を混同する地域が多いのだが、九州ではきちんと言い分けていると述べているのである。近年発見の松尾芭蕉自筆とされる『奥の細道』にも「出ヅ」を「石の巻といふ湊に出ズ」（原本濁点はナシ）の

ようにした例が二例ある(2)(「出ヅ」としたもの一例)。だとすると、清書本ではないけれども芭蕉ほどの人でも紛れることがあったことになる。

ハ行子音　江戸で刊行された『音曲玉淵集』に次のようにある。

一、軟濁《ナンダク》の事　三重濁《チウニゴリ》とも云

はひふへほ　唇内也

は《フハ》ひ《フヒ》ふ《ー》へ《フヘ》ほ《フホ》　唇内也

フハ能生の仮名也、如此ふを母字に置て一音に唱ふ事なり、但字毎にいふにはあらす、如此いふへき所々有

このように、「は」はフヮと発音すべきだとわざわざ説いているのは、当時「は」がすでにフヮから［ha］になっていたからだと思われる。同書にはまた、

一、ひの仮名しと聞えぬやうにいふべき事

として、「人」「ひたち」「ひとり」「久し」「ひちりき」などの「ひ」を「シ」と言わぬようにと言っている。また、別の箇所で、「四」「七」の「し」を「ヒ」のように言うことを戒めている。

江戸においてこのようなヒとシの混同が見られたのは、当時の江戸ではヒがfiではなくてhiになっていたからだといわれる。また、江戸時代の唐音資料に、「繁・煩・飯」を「フワン」とし、「発・髪」を「フワツ」としているのも当時「は」がfaからhaへと変わっていたからである。早いものでは、寛文年間(一六六一―七三)に当時の禅僧が中国語の発音を記録したもののなかにそれらが見られるのである(3)。

また、寛永三年(一六二六)の識語のある『仮名鑑』の「口中開合五韻之事」のなかに、「はひふへほ　唇あは

ず。まみむめも　くちひるあふ」とある。また、『蜆縮涼鼓集』の「新撰音韻之図」には、従来の「五韻之図」では「ハ・ヒ・フ・ヘ・ホ」をマ行音と同じく唇音の欄に載せていたのに対して、ハ行を「変喉」として扱っている。

キリシタン資料では、コリヤードの『日本文典』に次のようにある。

fは、日本のある地方ではラテン語におけるように発音されるが、他の地方ではあたかも不完全なhのように発音される。しかし、経験によって容易に知られるであろうが、fとhとの中間の音であって、口と唇とは、完全にではなく幾分重ね合せて閉じられる。

例、fito（人）　（大塚高信訳）

クヮとカ　合拗音のクヰ・クヱは、室町時代以前にすでにキ・ケの直音に転じていた。クヮウ［kwɔː］は「Quŏdai（広大）」のようにキリシタン文献にも見える。

クヰ・クヱが早く消滅したのに対して、クヮの命は長かった。室町時代にすでにクヮがカに転じた例があり（『三体詩抄』）、近世に入って『片言』にも、

一、流灌頂《ながれくはんちやう》を　○ながれかんぢよ

のようにした例があって、クヮの直音化の例が見えるけれども、近世前期を通じてクヮはなおよく行なわれ、これは江戸後期にも教養層のことばなどに見られる。

クヮはもともと字音語に見られたものであるが、このクヮ（グヮ）は字音語以外にも擬音語・擬声語に用いられるようになる。

(1) あさやへ寄つて一杯してぐはら〱一ぶをまきちらし　（『曽根崎心中』）

(2) 内か隣かぐはた〱〱、とつた〱とわめく声　（『博多小女郎波枕』上）

(3) 徳兵衛くはつとむねせいて大ごゑあげ　（『曽根崎心中』）

(4) すきを見合くゞりぐはらりとにげ出る　（『女殺油地獄』下）

今期には(1)(2)の「ぐはら〱」「ぐはた〱」のほかに「がら〱」「がた〱」があり、これらはたがいにやや違ったニュアンスで用いられていたようである。

(5) 引ずりおろされ山伏もしやくちやう（錫杖）がら〱　（『女殺油地獄』中）

(6) ひざぶしがた〱がたつくむねを押さげ〱　（同）

右の(6)では膝節が「がた〱」と震えている。(2)の「ぐはた〱」は今で言えば「戸がガタ〱する」といった騒音ともいうべき音の形容である。次の(7)は、原文では濁点がなく、「くはた〱」となっているが、「グヮタ〱」の例としてよいものだろう。

(7) 門外に提灯《ちやうちん》人足とびらくはた〱大音上　（『鑓の権三重帷子』上）

すなわち、「戸がガタ〱」の場合は「ぐはた〱」、「膝がガタ〱」の場合は「がた〱」のように今期には使い分けていたようである。『片言』にも、

一、がた〱は、○歯などのあはずしてふるう音歟。薬など細末してふるう音歟。

とある。

また、右(3)の「くはつと胸（がせく）」のような「くはつと」はほとんどがこの形である。今日では「かっと」で表われそうな箇所も「かつと」となることはない。次のような「目をかっと見開く」というような場合も

同様である。

(8) 今を最後の清十郎まなこをくはつと見ひらき　（『五十年忌歌念仏』下）

ほかにも次のような例がある。

(9) 大じんくはつとおはづみとけぞりが起てひざ立れば　（『博多小女郎波枕』上）

(10) 是女房共火をくはつと起ひて、火播に二三杯持つてをじや　（『心中重井筒』中）

(11) 花めづらしくむづをれにくはつとあからむ顔をあげ　（『烏帽子折』三）

(12) 蛤も蛤、口をくはつとはかいむざん　（『国性爺合戦』二）

このような「くはつと」の存在は合拗音クヮが行なわれていたことを証するものである。このような擬音語、擬態語はもともと漢字を持たないものがほとんどである。もし漢字表記があれば、その漢字の字音仮名遣が、ある場合には合拗音の保持に加担することがあったかもしれない。しかし、「くはつと」という仮名表記は、その表記どおりに「クヮット」と見なしてよい。この「くはつと」は江戸後期、さらには明治以後も表われることがある。合拗音の直音化というとき、漢語の場合と擬声語の場合とでは、やや事情を異にすることがあるのである。(4)

アクセント　近世のアクセントは謡曲、平曲などを資料に研究が進められ、近年は浄瑠璃譜本も活用されている。(5) 契沖の『和字正濫鈔』や『和字正濫通妨抄』（元禄十年〈一六九七〉）、『和字正濫要略』（元禄十一年〈一六九八〉）によっても当時のアクセントをうかがうことができる。例えば、『和字正濫鈔』巻五巻末に、

鴨《かも》、是は平声の軽なるに、鴨河《かもかは》、これは上声、鴨社《かものやしろ》、是は去声なり。つゞきによりて同じ言もかはるなり。

とある。語が複合すればアクセントの位置も変わることが指摘されている。

近世には契冲のほか、本居宣長、文雄《もんのう》、富士谷成章、伊勢貞丈などにもアクセントについての記述がある。伊勢貞丈（一七一七―八四）は、『安斎随筆』で関東と関西のアクセントの違いについて次のように述べている。

和語四声は、五畿内の人の詞に月をツキと云ふは去声なり。キの音下りて弱し。関東の人の詞には上声なり。キの音上りて強し。畿内の人、花をハナと云ふは去声なり。ナの音下りて弱し。関東の人の詞には上声なり。ナの音上りて強し。（中略）畿内の人の詞と関東の人の詞とは上去の二声表裏するなり。（巻二十）

二　文字・表記

近世には正式の文体としては漢文が尊ばれ、文字では仮名よりも漢字が尊ばれた。辞書としては前代より下学集、節用集が用いられ、近世に入ると節用集の刊行が盛んになる。当時、一般には漢字仮名まじりで書かれ、その筆記具は毛筆が中心であった。日常、読み書きするものは楷書よりも行書、草書によるものが多かった。そのために、節用集なども楷書と草書とを並べて記した『真草二行（躰）節用集』のようなものが次々に出版されるようになる。辞書もはじめのうちは、実用書というよりも知識階級の学問や文芸に資するものであったと思われるが、書写の時代から、辞書が出版されるようになって部数もふえ、使用者も増加することになった。

今期には『合類節用集』（延宝八年〈一六八〇〉刊、八巻十冊）、『節用集大全』（同、十冊）、『書言字考節用集』（享保二年〈一七一七〉刊、十巻十三冊）などの大部の辞書も刊行され、一方では語の検索に便利な一冊本も多く出されるようになった。

室町時代末期から江戸初期にかけての一時期、活字による印刷（古活字版）が行なわれたが、以後はもっぱら整板によって印刷がなされた。これは例えば浄瑠璃本のごとき草書の続け書きには適していた。節用集なども、基本は草書で、その脇にやや小さめの字で楷書を記すものが多い。

仮名遣

契冲の『和字正濫鈔』や『蜆縮涼鼓集』も出されていわゆる歴史的仮名遣の正統性も主張された。しかし、一般には定家仮名遣の伝統が強く、上代の文献にもとづいた契冲の提唱する仮名遣は一部の国学者に行なわれるにとどまった。

当時は「い・ひ・ゐ」「え・へ・ゑ」「お・ほ・を」「う・ふ・む」「じ・ぢ」「ず・づ」は交替して用いられることがあった。

近世には仮名遣が乱れていたといわれるが、それはまったくでたらめというのではなく、ある傾向はうかがわれるのである。例えば、助動詞の「ぢや」は「じや」で表われ、打消の助動詞は「づ」でなく「ず」で表われることが多い。打消を「ず」とするのは当然のように思われるかもしれないが、江戸の洒落本『傾城買二筋道』（寛政十年〈一七九八〉刊）のように打消の助動詞をほとんど「づ」としているものもある。

今期にはまた「ふ」と書いて「ム」と読むという一種の仮名遣が行なわれていた。「ふ」を「ム」とよむという旨を記した書は『類字仮名遣』『初心仮名遣』その他少なくない。例えば、『新撰仮名文字遣』には次のようにある。

一む字をかゝん所にふ文字ヲ書事

露をかなしふ　秋をあはれふ　けふり　ねふり　かうふり

「けふり」を「ケムリ」、「さふらひ」を「サムライ」と発音したことは次のような例によっても知られる。

(1) 涙にしめるうすげふり（『曽我七以呂波』三）

(2) むすぶ無常のうすげふり（『心中刃は氷の朔日』下）

(3) 鳥立《とたち》もしらぬわかくさや二ばんばへなるわかざふらひ（『雪女五枚羽子板』下）

(4) こゝにらう人めきたるわかざふらひ高手小手にいましめられ（『加増曽我』四）

今期において濁点は百パーセント付けられているわけではないので、「けふり」は「けぶり」とよむ可能性もある。しかし、(1)(2)の「うすげふり」が「ウスゲブリ」ということはありえない(6)。「うす＋けふり」によって連濁が生じているのだが、そのような連濁は、右の場合「ふ」の箇所が濁音であれば起こらない。すなわち、濁音が連続するような連濁は起こさないのである。とすれば、「ふ」は「ム」と読まざるをえないことになる。同様にして、「わかざふらひ」の「ふ」も「ム」と読むことになり、「ム」を「ふ」と書く仮名遣の存したことが知られるのである。

p音の表記、また符号「。」

p音を表わすのに半濁音符「。」を用いたものにはキリシタンの刊行した『落葉集』（慶長三年〈一五九八〉）がある。助数詞の「本」が「一」「二」「三」に付くとき、それぞれ「一本《いっぽん》」「二本《にほん》」「三本《さんぼん》」のように呼び方が異なる。日本人にとっては濁点や半濁音符がなくてもそう読むことは難しくはないだろうが、キリシタンにとってははじめて接する外国語としての日本語のこのような変化には、とまどうことがあるだろう。

外国語の学習に際しては一般に表音的な工夫がなされるものである（最近では、vaを表わすのにヴァとする等）。キリシタン資料ではまた外来語に半濁音符を用いることもある。

ぱあてれ　すぴりつさんと　ぷるがたうりよ　（以上『さるばとる・むんぢ』(7)）

「ぱあてれ（＝パーデレ padre 神父）」の場合、「ぱ」に半濁音符がなければ、「ハ・バ・パ」の三通りの読み方があって一つに確定できないのである。

半濁音符は『片言』にも見られる。

一、盗人を　すつぱ○すつぱのかわなどゝいふは如何。

一、其儘そこにあれと云べきを○やつぱり。やはり。やつぱしなどいふは如何。

『片言』では半濁音は「。」で表わすことが多いのだが、稀に濁点でp音を表わすこともある。

一、竹篦《しつぺい》を　○しつべ　（「しつぺい（シッペイ）」は『狂言記』にも見える）

一、手穴《てへん》とは　○甲《かぶと》などにいふこと葉なり。それを人のつぶり。天窓《あたま》などの時にてつべいといふは如何。

p音を表わす工夫は前代にはほとんど行なわれず、近世に入って工夫がなされ、「。」「゛」「、」が用いられたことがある。「゛」でp音を表わしたものは右の『片言』のほか、『狂言六義』にも見られる。

(1) 御酒によふて此ところにふせりまらシタレバ、あのすつぱがまいつて　（『茶壷』）

(2) 杖のさきにわなをかけて一べんもつてまわるしまひ、面白キモノ也　（「釣きつね」）

『仮名鑑』（寛永三年〈一六二六〉写）には「、」という点一つでp音を表わそうとしており、それを「かたにごり」と呼んでいる。

かたにごりといふはゝ如斯大形はねたる詞、詰たる詞の下に有ものなり

酒一　ばい　利足一ばい　緒一びき　石一ひき　辻のはん屋　ばんや　枕ニ入ル綿也

右の「酒一ばい」は「酒一パイ（杯）」であり、「利足（＝利息）一ばい」は「一倍」であって、b音と区別してp音を表わすために「、」を用いたのである。「緒一びき」は「一匹《いっぴき》」で、「ばんや」は「枕に入れる綿」で「パンヤ」であろう。ただ、この「、」は表示機能として目立ちにくい点があったと思われる。

井原西鶴の浮世草子ではp音を表わす符号は少ないが、『好色一代男』（天和二年〈一六八二〉刊）には数例現われる。そこには「。」「〻」のほか「・」のような黒丸によるp音表記も見られる。

(1) ばつとしたる出立に　（七巻）

(2) ぱつぱの大小おとしざし　（四巻）　泥亀《すっぽん》　（六巻）

(3) ぽんと町　（六巻）　重ばこに一ばい　（六巻）　一盃《ぱい》　（八巻）

このようにp音を表記する試みはなされているが、その符号はさまざまである。江戸時代には句点・読点として「。」「・」は共通に用いられていた。「・」も『好色一代男』では句読点として「。」よりも多用されている。右(1)の「ばつと」は、句読点として用いられていた「・」がたまたまp音表記のために用いられたものだろう。

近松の浄瑠璃本におけるp音表記も多いとはいえない(8)。そこでは「〻」によるものもあるが、「。」によるものがほとんどである。

(1) よつぽどのたはけをつくせ　（『冥途の飛脚』正徳元年〈一七一一〉、七行本二十九オ）

(2) ぱつぱのさめざやぞうがんつば　（『夕霧阿波鳴渡』正徳二年〈一七一二〉、八行本八ウ）

近松とほぼ同時代の紀海音の浄瑠璃作品には「。」「〻」によるp音表記がかなり見られる。ここでは「〻」が「。」よりも多いのだが、「〻」は初期の作品に多く、後期になると「。」の割合が高くなる。その後、竹田出雲の作品になると「。」によるp音表記が断然多くなっていく。

「。」は唐音に関する記事のなかにも見られる。『男重宝記』(元禄六年〈一六九三〉)の「唐人世話詞」(巻五)では、

一、茶《ちゃ》びんを、茶瓶《ざびん》

一、らつそくを、蠟燭《らつぞ》といふ。

のように、「。」をp音や[ts](「ざ」は、ツァ、「ぞ」はツォ)の箇所に用いている。重宝記は世間に流布したので、一般の目にふれることも多くなっていったであろう。

p音を表わすのではないが、「。」や「゜゜」は『続無名抄』(延宝八年〈一六八〇〉)などにも見られる。そこでは、「ゆふつ゚け鳥　づけと濁へからす。新じまもりとすむへし」のように清音でよむべき文字に「。」や「゜゜」が付されている。「とこばなれ　両説也」とは、この場合の「は」は濁音にも清音にもよんでよいということである。

「。」はそのほか、次のような唐音資料にも見られる。『和漢三才図会』(正徳二年〈一七一二〉刊)や『唐音和解』(享保元年〈一七一六〉刊)ではもっぱらp音表記に用いられているが、『唐話纂要』(享保三年〈一七一八〉刊)などでは「把《パア》柄《ピン》不《プ》」等のp音表記以外に「韮菜《キウザイ》《ニラ》」「再《ザイ》讚《ザン》早《ザ。ウ》」等のts音表記にも用いられている[9]。

「。」は新井白石の『西洋紀聞』(享保十年〈一七二五〉頃)にも「マカ゚ザァル」「ト゚ツヲデイシムス」「イスパニア」などと表われる(カ゚は[ga]、ト゚は[du]のような音か[10])。

江戸後期になると、文学作品にも表われ、洒落本・滑稽本・人情本などで「おとつざん」のように[tsa]を

「さ゚」で表わす例が見られるようになる。そのほか、『浮世風呂』には、「ばんさ゚ん（番頭さん）」「おてんさ゚ま（お天道さま）」「とつさ゚ま」「飛八《とびはつ》さ゚ん」などの例が見られる。

三　語　法

動　詞

平安時代には九種類の活用があったが、ラ変がなくなり、江戸時代前期上方では八種類になっている。今期はさらに上二段活用、下二段活用がそれぞれ上一段活用、下一段活用に転じていくことになる。この変化はすでに室町時代に見えているけれども、これが広く見られるようになるのは江戸時代に入ってからのことである。上方前期、元禄・宝永・正徳・享保の頃、二段活用と一段活用という新旧両形が併存している。次いで、ナ行変格活用が四段活用へと転じていく。今期に、ナ変の四段化した例は見えはじめるのであるが、前期上方にあってはなおナ変が断然優勢である。

一字漢語に「する」が付いてできるサ変動詞のうち、一字漢語が撥音（ん）で終わるもの、「案ずる」「減ずる」等は後に上一段化していく。この早い例も前期上方に見える。

二段活用の一段化

下二段活用、上二段活用の動詞が一段化して下一段活用、上一段活用に転じていく現象が江戸時代に見られる。そのような例はすでに鎌倉時代・室町時代において見られる。室町時代の抄物を広く見渡せば、一段化した例をかなり拾うことができる。しかし、全体数より見れば、従来の二段活用で表われるもののほうが断然多いのである。キリシタン資料や狂言においても一段化した例は少ない。キリシタン資料の場合、その規範性の高さが一段化した例の使用を抑えているという面はあるかもしれない。狂言はまたその復古性のゆえに、その詞章に一段化した例よりも従来の二段活用を用いているという面があるかもしれない。

しかし、一七〇〇年前後、元禄・宝永・正徳期の資料でも、従来の二段活用の形とその一段化したものとは相半ばして用いられているのである。このような状態から推察すれば、室町時代の京都・大坂では一段化はまださほど進んでいなかったのではないかと思われる。

一段化は、「経（へ）る」「寝る」「出る」「得る」のような少数音節語において早く表われるという傾向がうかがわれる。

『天草版平家物語』では、一段化した例は、「経れ（ば）」という形が二例見られるだけである。一例を挙げておく。

名所名所をごらうぜられて日数へれば、駿河の国浮島にかからせらるるに

（『ハビヤン抄 キリシタン版 平家物語』三〇二ページ）

『天草版伊曽保物語』（イソポのファブラス）でも「へる」は一段化している。

日数を経るほどに、次第に四肢六根は弱り果て、進退ここに窮った

（『文禄二年 耶蘇会版 伊曽保物語』京都大学文学部国文学研究室編）

室町時代の節用集でも、饅頭屋本、黒本本、易林本、弘治二年本など、いずれも「経」は一段化した「ヘル」の形で挙げている。狂言の虎明本でも「へる」が早く一段化しており、そのほかにも「出る」「寝る」などのよ

うな一段化例が見られる。

このような二段活用の一段化が起こった要因の一つとしては、語幹を安定させようとする力があったことが考えられる。「へる」が一段化する以前、鎌倉・室町時代の活用は、

へ　へ　ふる　ふる　ふれ　へよ
　　　　　　　　　　　　　へい

であった。一段化とは右の「ふ」の部分が「へ」に変わるということである。これは平安時代には、

へ　へ　ふ　ふる　ふれ　へよ

であった。この場合は、「ふ」は「へ」に変わりようがない。終止形「ふ」が「へ」となることはありえないからである。鎌倉時代に入り、連体形が終止形を襲い、その結果、終止形が「ふ」から「ふる」になった段階で、一段化へ移行する素地はできたことになる。各活用形に共通した部分をもたない「経（ふ）る」が「へる」に転ずることで、共通した「へ」を持ち、安定した形をとろうとするのも自然な変化といえるだろう。平安時代、上一段活用には一音節の共通部分をもつところの「見る」「着る」「射る」「鋳る」「居る」「煮る」「似る」「干る」などがすでに存するのである。

右の動詞群にあっては、例えば「見る」の場合、

み　み　みる　みる　みれ　みよ

であって、語幹と語尾の区別はできない。しかしそこには「み」という共通部分があって、ある安定性が感じられるであろう。「経（ふ）る」の一段化は右の「見る」のような上一段動詞にならうところもあったであろう。「見る」「射る」「居る」のような上一段動詞が、語幹に相当するような各活用形に共通の形をもとうとすることは、助動詞「ヨウ」の成立に関連しても言うことができる。

「ヨウ」の前の形である「ウ」が「見る」に付いた「見う」は、その後「ミョー（mjo:）」と発音されるようになる（キリシタン資料では meô と書かれる）。そしてさらに mjo: から jo: が分析されて、mi・jo: と発音されるようになった段階で「ヨウ」の成立を見ることとなるのである。

「見」と「う」とが融合して渾然一体となった［mjo:］という二音節の拗長音が、それぞれに独立して［mi］という一音節と［jo:］という二音節に分析されたのである。この場合、［mjo:］から［jo:］が独立したというより、［mjo:］から、まず［mi］が独立し、それが［jo:］を分離せしめたとも考えられるのである。上一段「見る」の各活用形にはすべて［mi］が存する。そのような［mi］の存在が、［mjo:］から［mi］を独立させる力として働いたであろう。

このようにして二段活用の一段化は少数音節語から早く始まり他に及んでいく。しかしながらこの変化は短時日の間に行なわれたのではなく、次のように一七〇〇年代に入っても一段・二段両方の形が同一の話者の口から出ることがあった。

次の例は近松門左衛門の浄瑠璃『心中刃は氷の朔日』で、鍛冶屋の弟子平兵衛が、愛する女性、小勘に対して言うことばである。(1)では新しい形、下一段の「かける」を用い、(2)では従来の下二段活用「かくる」を用いている。[11]

(1) そなたを国へ下さずは、親に不孝の冥罰、行くすへよからふ様もなし、下したいも一ぱいなり、わかるゝはなをつらし、此平兵衛がむねひとつで、本国の親たち迄なげきをかけ、苦をかける、許してたも、悪縁じやと笠を傾け泣きゐたり。（中之巻）

(2) 親兄弟とも頼みたる親方には勘当受け、我身ばかりかそなた迄、殺して一家に憂へをかくる此とがは、地獄

の火焔に鞴《ふひごう》かけ、無間の底の鉄床《かなとこ》に乗せられ……。　（下之巻）

このように同一話者が同じ相手に対して新旧の両語形を使うことがある。新旧両語形にはどのような使い分けがあるかを見ると、一般に、改まった場合（目上の人に言う場合）には従来の二段活用を、うちとけた場合（目下の人に対して言う場合）には新しい一段活用を用いることが多い。

そのほか、使用者の身分差、男女の別について見ると、

武士にくらべ、庶民は二段活用よりも一段活用を用いやすい。

女子は男子にくらべ、二段活用よりも一段活用を用いやすい。

ナ変の四段化　ナ行変格活用が今期から四段活用に転じていく。ナ変が四段化を完了するのは江戸後期であるが、今期にもすでに次のような例が見られる。

(1) ふたり死ぬなら死にたいがこなさま死んでくださりよか　（『卯月紅葉』上）

(2) 弥（いよいよ）心を持なをし親の薬と成てくれ、長生したいと思はね共、せめて卅二三迄とつくと見たて、人になして死ねば楽じや　（『生玉心中』中）

ナ変が四段化した形とナ変のままの形とが同居している場合もある。

(3) 菜刀で成共ひとり死ねばよい物を、死ぬるにつれをこしらへて　（『今宮の心中』下）

二段活用の一段化の場合と同様、ナ行変格活用の四段化も上方より東国のほうが早かったようである。『雑兵物語』には、

(4) ただ死ねば今迄の扶持方が失墜に成べい程に、能合点をしろ

のように四段化した例が見られる。

形容詞

形容詞の仮定の言い方は「高くは」のように古来「――くは」によって表わされた。これは江戸時代を通じてなお行なわれるのであるが、今期にはさらに「――くば」の形が表われるようになる。(12)

(1) あんまりじや治兵衛殿、それ程名残惜しくば誓紙書かぬがよいわいの　（『心中天の網島』中）

(2) 親父や母は同行衆とやかくと有あいさつに、夜明でなくば帰られまい　（『心中二ッ腹帯』三）

こうなると形容詞は「――く」という未然形をもつと言いうることになる。

今期にもまた、シク活用形系統の形容詞が「――しし」となって表われることがあった。

(3) ヲヽ神妙たのもしし、さほどに心落着くからは最期も案ずることはなし。さりながら今はの時の苦患にて死姿見苦しと言はれんも口惜しゝ　（『曽根崎心中』）

(4) いづれもの手前も面目なし、恥づかしゝ、全く此の徳兵衛が言ひかけしたるでさらになし　（同）

形容動詞

タリ活用は行なわれなくなり、ナリ活用だけになった。形容動詞は今日、終止形は「――だ」、連体形は「――な」であるが、江戸前期は終止形も「――な」の形をとることが多い。

(1) こゝへ〳〵とひそ〳〵すればハアヽ何事やら気遣ひなといへ共二階の梅川に　（『冥途の飛脚』中）

(2) ふさは今迄門にか、此寒いに物ずきな　（『心中重井筒』中）

今日では体言に断定の助動詞が付いた、「(彼は)学生だ。」の形と、形容動詞の終止形「静かだ。」とは形の上で似ているが、今期においては、体言に断定の助動詞の付いた形は、

(3) コレヤ、平野屋の徳兵衛じや、男じやが合点か　(『曽根崎心中』)

のように「——じや」となる。

已然形と仮定形

已然形に接続助詞の「ば」を付けて確定条件を表わすという従来の用法は、なお今期にも見られる。

(1) ア丶愚痴なことばかりおさんは舅に取返され、暇をやれば他人と他人、離別の女に何の義理　(『心中天の網島』下)

未然形に「ば」を付けて仮定条件を表わすという用法も、引き続き今期において見られる。

(2) ヲ丶言訳あらばサア聞こふ、源十郎もきてきけ、勘十郎こつちこいと　(『五十年忌歌念仏』上)

ところが「已然形+ば」の形が仮定条件を表わすという用法が、室町時代より見られるようになるのである。[13]今期においても次のような例が見られる。

(3) 親はないかも知らねども、もしあれば不孝の罰、仏は愚か地獄へも温かに二人連では落ちられぬ　(『心中天の網島』下)

(4) いや〳〵是にはわしが本名が書いて有る。もし顕はれてとらまへられ人に見せれば恥辱じやと　(『丹波与作』中)

このような例がふえてくると、已然形は、むしろ仮定形と呼ぶほうがふさわしいようになる。

仮定表現はこのほかにも、①体言または終止連体形＋ナラ（バ）、②連用形＋タラ（バ）、によっても表わされる。

(5) 無念涙は耳からなりとも出るならば、言はずと心を見すべきに （『心中天の網島』中）
(6) デモ逢ひたいが定じやもの。憎いなら来てたたかんせ （『冥途の飛脚』中）
(7) ようも〱徳兵衛が命は続きの狂言にしたらばあはれにあらふぞ （『曽根崎心中』）
(8) なんの徳兵衛が死ぬるものぞ。もし又死んだらその跡は、をれがねんごろしてやらふ （同）

このほか、「終止連体形＋と」による仮定表現も見られるようになる。

(9) わしと念比さあんすとこなたもころすが合点か （『曽根崎心中』）

この「と」はもともと、活用語の連体形をうける「と等しく」の「と」に由来するものである。[14] 近世初期には次のような例がある。

(10) 導師磬《けい》をうちきると、本覚ひとり、「法蔵坊」といひけり （『醒睡笑』一）
(11) あれがいぬると、わたくしは、あつても、かいが御ざらぬほどにふち川へ成共、身をなげねばなりまらせぬト云 （『狂言六義』石神）

音便

形容詞の連用形がウ音便をとり、ハ行四段活用動詞の連用形が多くウ音便をとるのも前代と同様である。サ行四段活用動詞の連用形は前代においては一般にイ音便をとる。[15] これは中古においてすでに見られるのであるが、この現象は中世特有のものというべきもので、近世には衰え、再び、このイ音便は原形「――シ（テ）」

に復していく。

近世に入ってもなおイ音便の表われることがあるが、そのなかでイ音便をもっとも強く保持したのは「さす」であった[16]。「さす」には「差・射・刺・挿・指・鎖・注」など、いろいろの漢字が当てられる。

(1) なふ小春殿、こちは町人刀さいたことはなけれど、おれが所に沢山な新銀の光りには少々の刀もねぢゆがめふと思ふ物 (『心中天の網島』上)

「さす」以外のイ音便も含めて、その使用者(話者)についてみると、老人、地方の者、低教養層のことばに多く表われるという傾向が見られる。また、対話者について見ると、目下の者、遠慮のいらない相手に対して言う場合に表われることが多い。

(2) 必ずだましにさんすなゑ、そんならわしはお湯わかいて腰湯して待ちます 〈下女まん→忠兵衛〉 (『冥途の飛脚』上)

助動詞

尊敬の助動詞　平安時代以後、今日まで用いられる「るる・らるる」のような息の長いものもあるが、「やる」「(さ)んす」「(さ)しやんす」「(さ)しやる」などもっぱら今期に多く現われる。

「**やる**」は今期の代表的な助動詞である。「行きやる」のように動詞の連用形について、軽い敬意あるいは親愛の情を表わす。連用形に「ある」の付いた「行き・ある」の転じたもので、すでに前代に生まれていた。四段に活用するが、命令形は「やれ」のほかに「や」も用いられた。次は徳兵衛が丁稚の長蔵に対して言うことばである。

(1) コレ長蔵、をれは後から往のほどに、そちは寺町の久本寺様、長久寺様、上町から屋敷方廻ってさうしてうちへ往にや。徳兵衛もはや戻るといや。それ忘れずとも安土町の紺屋へ寄って銭取りやや。道頓堀へ寄りやんなや

（『曽根崎心中』）

右で、「銭取りやや」における文末の「や」は終助詞の「や」が命令形の「や」に付いたものである。「寄りやんなや」の「やん」は「やる」が撥音便化したものである。「戻るといや」の「いや」は「言ひや（イイヤ）」がつづまったもの（「イ」の脱落）である。このように「やる」の直前の「イ」や「エ」は落ちることがあった。

(2) これ玉、同じ様にそれなんじや。奥の台子もしかきや。庭の小屋敷も掃除しや。こたつに火をいりや。……手水鉢に水入させ手拭もかけかや。たばこ盆に切炭いけて膳立をして椀ふいてお給仕にさしあはふ。夕めし早ふくてしまや

（『大経師昔暦』上）

右の「かけかや」は「掛け替えや」、「しまや」は「しまえや」の「え」が落ちたものである。「しかきや」「いりや」は「仕掛けや」「入れや」の転じたものである。

「**んす**」は四段・ナ変・サ変に付き、「**さんす**」はそれ以外の活用に付く。「んす・さんす」は遊里の女性が用い、後に一般の女性も用いるようになった。

(1) アヽまづやはり着てゐさんせ。……駕籠も皆知らんした衆。やつはり笠を着てゐさんせ。それはさうじやが此の頃は梨もつぶても打たんせぬ

（『曽根崎心中』）

「んす・さんす」は「しやんす・さしやんす」の転じたものと思われる。

(2) それわしには言ふな〳〵とてこな様言ふて泣かしやんす。そんならわしがとつ様が年寄つて途方が有るまい、いとしぼや

（『丹波与作待夜の小室節』下）

(3) まふ旦那殿起きさしやんせ　（『心中天の網島』中）

シヤンス・サシヤンスの生成については諸説があるが、[17]ここでは（サ）シヤレ（リ）マスより生じたとする岸田武夫氏に従いたい。

「しやる・さしやる」は、「せらるる・させらるる」の転じたものと思われる。

(4) 兄者人、其の火で熱ふはござらぬか。いつそのことに火あぶりにならしやれぬか　（『心中重井筒』中）

(5) 此中の事こらへさしやれ　（『博多小女郎波枕』上）

「しやる・さしやる」は促音化して「つしやる・さつしやる」となることもあった。

(6) 大かたなことゝはつしやれ　（『心中天の網島』上）

また、「さしやる」「さつしやる」が、「見る・居る・寝る・出る」など未然形が一音節である動詞に続くときには「やしやる・やつしやる」となった。

(7) 色がなふてはのめぬはい、頭痛がしやうば爰へ来てねやしやれ　（『生玉心中』中）

推定・様態の助動詞　今日では、

(1) 連用形＋ソウダ＝様態・推定

(2) 終止形＋ソウダ＝伝聞

のように、接続する活用形によって意味が分かれ、意味が識別しやすい。ところが今期にあっては接続に未分化なところがあった。ソウダは今期にあっては、形容動詞の場合と同様に終止形はソウナ゚であった。

今期にも形容詞、形容動詞の場合にはその語幹から続き、動詞の場合も連用形から続くという今日と同じよう

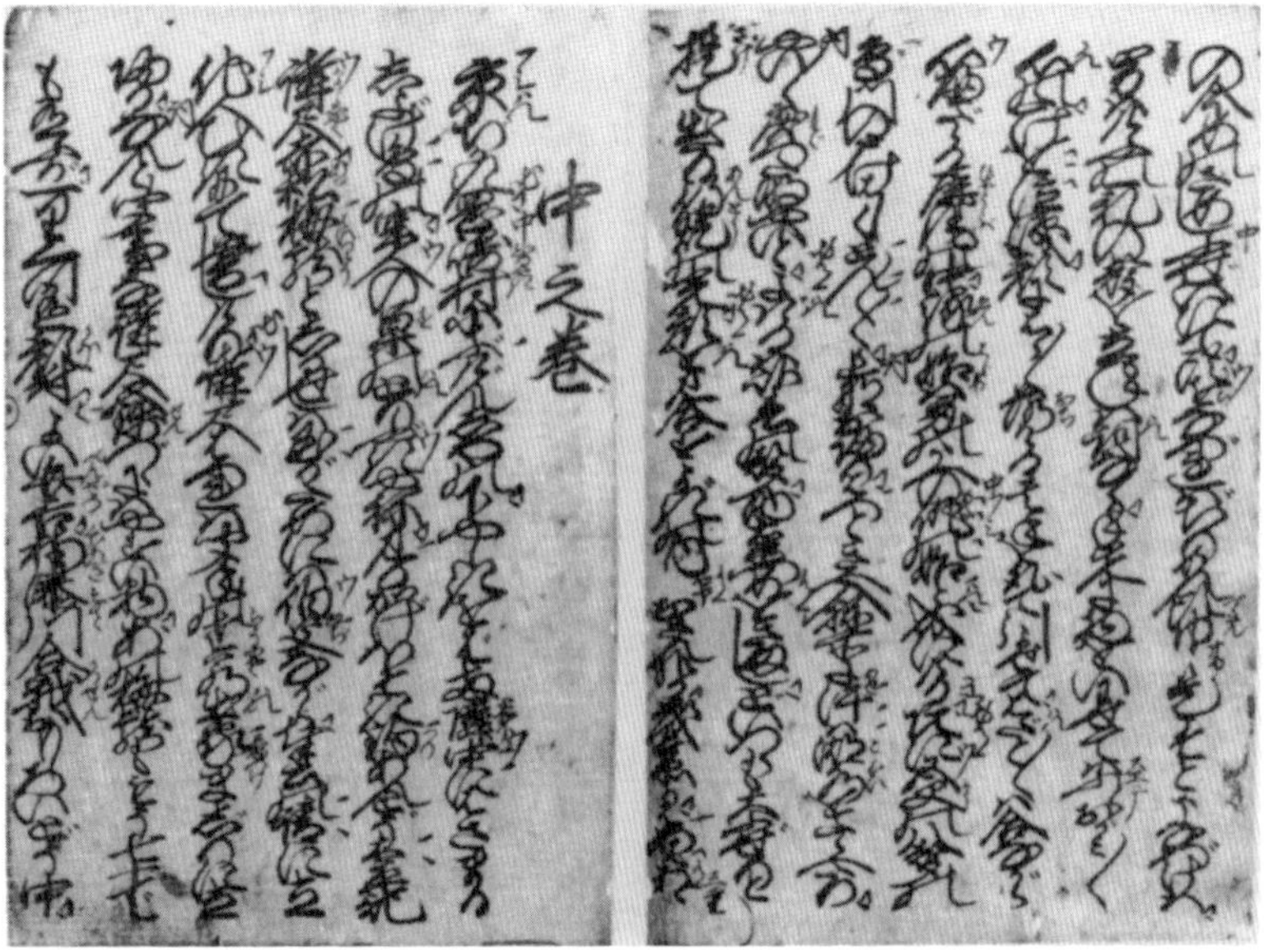

『大経師昔暦』七行 45 丁本（東京大学国語研究室蔵）

な用法はあった。

(1) あいつが手にかけては幾たりでも切りそうな　（『堀川波鼓』下）

(2) あの人も気に如在《じょさい》はなさそふなが、ぢたいの顔がにくていにけんどんに見へるゆへ、詞もあいそがなさそうな　（『大経師昔暦』上）

ところが、今日とは違う用法のものもあった。

(3) 申し女郎様、早々からの御客そうな。どなたでござる　（『堀川波鼓』下）

(4) 「ハアたれぞ庭へ来たそうな」「ハテ昼さへ人のこぬ所、夜更《ふけ》てたれがくる物ぞ」　（『鑓の権三重帷子』上）

(5) ナニ、かの人とはたれぞいの。すれやまだご存ジないそうな　（『八百やお七』中）

右の(3)はソウナが体言に直接している例、(4)(5)はソウナが活用語の終止連体形に続いた例である。

右のソウナの意味はいずれも「……ノヨウダ」「……ラシイ」である。

終止連体形にソウナが付いた形は、現代語では伝聞の意が想起されるが、今期において伝聞は「ゲナ」が表わした。

(6) イヤ、わしが客様の話じやが、踏まれて死なんしたげなといふもあり　（『曽根崎心中』中）

ゲナは「ゲナリ→ゲナル→ゲナ」のようにして生じた。「ゲ」は、ソノヨウナ様子・気配デアルの意の体言である。ゲナはもともと「……デアルヨウダ」「……ノヨウニ思ワレル」「……ラシイ」のような推測の意を表わしていたのだが、それが徐々に伝聞の意を表わすようになっていったのである。

打消の助動詞　近世前期、打消の助動詞は前代よりの「ぬ」である。今日のような「ん」は少ない。

(1) やあら聞えぬ旦那殿、わたくし合点いたさぬを老母をたらし、たゝきつけ、あんまりなされやう、お内儀さまも聞えませぬ　（『曽根崎心中』）

今日、打消の助動詞はナイとンが東西を分ける指標となっている。「ん」は近世前期においては武家のことばで意志の意（推量を表わすことは少ない）で用いられることが多い。

(2) 十何年といふ年月を重ね、子迄養い置きたる中をいか程に思はれふが、去つてそなたに添はんとは此の彦九郎はゐ申さぬ　（『堀川波鼓』中）

右には「ふ（う）」「ん」「ぬ」がそれぞれ推量・意志・打消を表わすものとして用いられている。

また、打消の意を表わす接続助詞として前代以来の「いで」があった。

(3) いつまで生きても同じこと、死んで恥をすゝがいではと言へば　（『曽根崎心中』）

この「いで」は平安時代の「で」に相当する。今日では「ナイデ」と訳される。

打消の過去は前代以来の「なんだ」である。

(4) お名さへ久しう言はなんだ、やれめづらしい小はる様〲

（『心中天網島』上）

ただ、この「なんだ」の出現回数はさほど多くない。『近世文学総索引』（教育社）によると、『曽根崎心中』『冥途の飛脚』『女殺油地獄』には一例も表われない。「ぬ」「ず」の例はすこぶる多い。『堀川波鼓』『大経師昔暦』『博多小女郎波枕』『夕霧阿波鳴渡』においても、「なんだ」は各一例が表われるだけである。これは今日、打消の「ない」が過去を表わすときにも、意志（未来）を表わすのにも用いられることからも察せられるように、「ぬ」が過去を表わすところにも用いられたということから来るのであろう。今日、「昨日、学校へ行ったか」と聞かれ、「行かなかった」でなくとも、「行かない」で答えられ、また、「明日、僕は行かない」のように意志は「ない」で表わされる。

江戸後期、「なんだ」から「なかった」へと転じていくが、これについては次章でふれる。

ラ行下二段活用の四段化

「なさる」「下さる」「おつしやる」などの尊敬語の動詞は今日はラ行五段（四段）に活用するが、これらはもともと下二段活用であった。

その下二段活用が今期になって、四段活用へと転じていくのである。右の諸語よりも早く四段化を行なったのは「めさる」であった。これは「めさるる」の四段化したものであるが、その後に成立した「なさる」と同義であったため、「なさる」にとってかわられ、今日ではほとんど用いられない。

(1) のふ〲そなたは田舎人ちやと思ふて打擲めさるか

（寛文二年版『狂言記』巻三、末広がり）

この「めさる」と新しく生じた「なさる」とはしばらく併存するが、「めさる」は古めかしい印象を与える語となっていったようで、その使用者も武士、年配の者（老人）であることが多い[18]。

(2)「申し、小さいやつらによく申しつけたるが、何とほえは致さぬかな」「イヤ〳〵、器用者どもそこは気遣ひめさるな」〈岩木忠太兵衛→浅香市之進〉（『鑓の権三重帷子』下）

このあと「下さる」「なさる」「おつしやる」が四段化を行なっていくのだが、「めさる」はその先兵の役を果たして自らは消えていくことになる。

「めさる」の後に四段化の早かったのは「下さる」である。

(3)そこにつくばふ兄弟のいぬどもを追ひ出して下さらば、千ぞう万ぞう百万ぞうのとひとふらひにもますかがみ（『卯月の潤色』中）

これに続いてゆくのが「なさる」である。

(4)それを身が知ることか。旦那坊主にお問いなされ（『心中天の網島』上）

次に「おつしやる」についてはやや複雑な事情がある。「おつしやる」は「仰せらるる」の転じたものである。ところがこれとは別に「仰せ有る」より転じた「おしやる」（四段活用）があった。この「おしやる」が「おつしやる」（四段）の成立にある影響を与えただろうということは十分考えられるのだが、「おつしやる」を単純に「おしやる」に促音が挿入されて成立したものということはできないのである。『狂言記』（寛文二年〈一六六二〉版）においても「おつしやる」の四段活用の例は終止連体形の場合には優勢となるのだが、未然形・命令形においてはすべて下二段活用で表われている。連用形の場合も下二段の例が四〇例、四段の例が二例であって下二段が優勢である。『狂言記』以後の浄瑠璃においてもなお下二段の例は表われる。

(1)嘉兵衛畳打たたき、あんまりそれは曲がない。なぜ有様におつしやれぬ（『心中二ッ腹帯』三）

(2) あれおか様火はいらぬとおつしやる　　　　（『心中重井筒』中）

敬　語

対称の代名詞は、敬意の高い順に五段階に並べると、男性語の場合、だいたい、①「お前・お前様・こなた様」、②「こなた・貴様」、③「そなた・おのし・おぬし」、④「そち・われ」、⑤「おのれ」のようになる。(19) さらに武士は「貴殿」「御辺」「そこもと」などを用いた。なお、女性語の場合、例えば第二段階に相当するものとして「こな様」「こなさん」等がある。

対称の代名詞は、「お前」「貴様」の例からもわかるように、使用されているうちに一般に敬意が失われていく。「お前様」「こなた様」は「お前」「こなた」に「様」をつけて敬意を付加したものだが、これは一つには「お前」「こなた」が当初もっていた敬意を徐々に失っていったために、本来の敬意を保持させるべく「様」を付けて、落ちた敬意の上昇を図ったものであろう。

対称代名詞が音の脱落その他で語形変化を起こしていくと、そのぶん敬意も減少していく。すなわち、くだけた形は、それに応じて敬意を失うのである。

「こなた」に「様」を補った「こなた様」は「た」を落として「こな様《さま》」となり、「こなさま」は「ま」の［a］を落として「こなさん」となっていく。その例をいくつか挙げておく。

(1) おまへのお頼みなされたやらどふした訳やら存ぜねども、さつきのやうに申せしはわたしが心有つての事　〈下女の玉→おさん〉

(2) そなたとおれと代つて爰におれを寝させてたも　〈おさん→玉〉　　（『大経師昔暦』上）

右の(1)では、玉はおさんに対して「お前」を用い、自称として「わたし」を用いている。「わたし」より転じた「わし」は男性よりも女性に多く用いられた。

(2)では(1)と逆の立場となるわけだが、おさんは玉に対して「そなた」を用い、自称としては「おれ」を用いている。「おれ」は男女を問わず広く用いられた。

相手に高い敬意を表わすときは、対称代名詞や、その動作についても高位の表現が選ばれ、逆に、自分についてはへりくだって表現する。(1)では、おさんの動作に対しては「お(頼)みなされ(た)」に見られる「お――なさるる」という最高位の敬語が用いられ、玉は自分の動作については「存ず」「申す」という謙譲表現を用いているのである。

(3) ほんにまたあんまりな、わしはどうならふ共きたうもないかいの、こなさまそれでもすもぞいの、わしは病になるはいの 〈お初→徳兵衛〉 (『曽根崎心中』)

お初は徳兵衛を「こなさま」と呼び、自分を「わし」と言っている。「わし」はこのように若い女性も用いたのである。

(4) わたしを爰で殺してこなさんどこぞ所をかへ、ついと脇でと……くどけばともにくどき泣き 〈小春→治兵衛〉 (『心中天の網島』下)

「貴様」はもと書簡に用いられたもので、それが口頭語としても用いられるようになったものである。

(5) 此いぜん貴さまが津山玄三殿に奉公した時からほれてゐた此由兵衛……此戸棚が明たくは此首尾についちよつと、身をよごして下され 〈由兵衛→おきさ〉 (『今宮心中』中)

第五章　江戸時代後期（江戸語）

江戸時代も半ば、宝暦（一七五一―六四）、明和（一七六四―七二）の頃になると、江戸における出版物も多くなり、文化的にも江戸が京都・大坂と肩を並べるようになってくる。そうして江戸における出版物にも徐々に江戸独自のことばが見られるようになるのである。

江戸では宝暦頃から洒落本が表われる。洒落本は遊里を舞台としたもので、状況設定も各作品に似たところがあるが、いろいろな人物が客として登場し、江戸語あるいは江戸周辺の方言が作品中に表われる。ただ、初期のものほど上方語的特徴が見られるのであるが、江戸では、文化的に優位であった上方のことばが当初は影響力をもっていたのである。

洒落本の後に表われる滑稽本には江戸庶民の生活が活写されている。なかでも、文化・文政年間（一八〇四―三〇）に表われる式亭三馬の『浮世風呂』『浮世床』では言語描写にも細かい工夫がなされている。

その後、天保（一八三〇―四四）頃から表われる人情本では、滑稽本の世界よりもやや上層に属する人物が登場する。ことば遣いも一体に丁寧である。人情本も後期になると現代に通じる用法が多く表われるようになってくる。

これについては前章でもふれたが、この現象は上方よりも江戸において早く進んだ。

合拗音の直音化

江戸刊の『音曲玉淵集』には、

一くわの字かと紛れぬやうにいふへき事

として、「くわハわの上にくを付二つを合せて一音とす」と注意している。同じ謡曲関係の書である上方の『謳曲英華抄』（明和八年〈一七七一〉）には特にそのような注記を加えていない。これよりすると、クヮとカの混同は江戸において早く起こっていたものかと思われる。

『浮世風呂』に見られる有名な江戸の女性と上方の女性のことば争いのなかにも次のようなところがある。

（上方）へゝ関東《くわんと》べいが、さいろくをぜへろくとけたいな詞《ことば》つきじやなア。お慮外《りよぐわい》も、おりよげへ。観音《くわんおん》さまも、かんのんさま。なんのこつちやろな　（二上）

上方女性はここで、江戸における[ai]→[eː]の傾向や連声の現象を非難しているが、クヮ→カの現象についても非難していると見てよいだろう。『浮世風呂』中には実際、「くわ」を「か」とした例が多く見られる。

果報《かほう》（二下）　菓子《かし》（三下）　夫婦喧嘩《ふうふげんか》（三下）　広島薬鑵《ひろしまやかん》（二下）　合巻《ごうかん》（二上）　元日《がんじつ》（三上）

しかし、「くわ」としたものも見られる。二編下には「夫婦喧嘩《ふうふげんくわ》」「親子喧嘩《おやこげんくわ》」とある。

一般の傾向として、教養のある者、年輩の者、上品なことばを使う者のことばには「くわ」が多く表われ、そうでない場合には「か」が表われることが多い。『浮世床』初編上で、素読指南の先生は「逐鼠丸《ちくそぐわん》」と言い、床屋の弟子は「逐鼠《ちくそ》丸《がん》」と言っている。同一場面で床屋の主人は「読書《とくしよ》丸《ぐわん》」と言い、「ぐわ（ん）」と「が（ん）」の使い分けの意識が感じられる。

このような意識は明治に入ってもなお一部には残っていたようである。

ヒ→シ　『浮世風呂』二編上にはまた次のような箇所がある。

ソレ〳〵、最《も》う百人《ひやくにん》一首《し》じや。アレハ首《し》じやない百人《ひやくにん》一、首《しゆ》じやはいな。まだまア「しやくにんし」トいはいで頼母《たのも》しいナ〈上方の女性のことば〉

右では、江戸でシュをシということが攻撃されているが、同時に「しやくにんし」と言わなくてまだましだと言い、江戸におけるヒ→シの傾向も指摘されているのである。『浮世風呂』にはほかに、「杓《しやく》」（二下）「百《しやく》」（二下）「日《し》が暮《くれ》る」（三上）、「無筆《むしつ》」（三上）などが見え、『浮世床』にも「四百《ししやく》」（初上）とある。式亭三馬は『小《お》野《のが》篤《ばかむら》譃字尽《うそじづくし》』（文化三年〈一八〇六〉刊）中の「かまど詞大概」においても「ひしやくハししやく…百《ひやく》ハしやく」のように記している。このようなことば遣いは比較的教養の低い層において多く行なわれたものと見られる。

ヒがシとなれば、逆にシをヒということも出てくるだろう。同じく、三馬の「かまど詞大概」にも「十死《じつし》一生《いつせう》をじひいつしよ」と見える。

なお、個別的に見れば、シ→ヒの現象は上方にも見られる。

『浮世風呂』二編上で、上方の女性が江戸のことばの誤りをいくつか挙げた後、それらも「ひかり人《て》のないさかい、よう済《す》んである」と言う。これに対して、江戸の女性がすぐさま、そりやく〳〵。上方《かみがた》もわるい〳〵。ひかり人ツサ。ひかるとは稲妻かへ。おつだネヱ。江戸では叱るといふのさ。アイそんな片言《かたこと》は申ません。

と反撃する。ただ、この「叱る」については『片言』三ですでに取り上げられ、「一、人をしかるを　○ひかる叱《しかる》と書歟」と見えている。これは『物類称呼』五（安永四年〈一七七五〉刊）にも「又畿内にて、ひかると云はしかるなり、如此の類かぞへかたし」とある。「叱る」を「ひかる」ということが上方語の一特徴として知られていたことがわかる。

今日でも東京の下町では、朝日《アサヒ》、火鉢《ヒバチ》などのヒをシのように言うことが聞かれる。江戸におけるヒ→シの傾向は明治にもなお存した。

アーネスト・サトウの『会話篇』（一八七三〈明治六〉年刊）には、「shito（人）、shito-kuchi（一口）、shito-tôri（一通り）、shitotsu（一つ）、shitotsuki（一月）」などが表われる。また、ヘボンの『和英語林集成』三版（一八八六〈明治十九〉年刊）序文の方言の項で、東京では、として、

Hi is pronounced *shi.* as, *hibachi* is pronounced *shibachi; hi-no-ki, shi-no-ki*, etc.

とある。

シュ→シ　シンジュク（新宿）をシンジクというようなシュ→シ、ジュ→ジの変化は江戸語に多く見られる。「ヒ→シ」の項で引いた『浮世風呂』二編上の箇所でも、江戸の女性が「百人一首《ひやくにんし》」と言って上方の女性にとがめられていた。もっとも、この「百人一首」については『片言』にすでに取り上げられている。巻四には、この変化にかかわる、

珊《ざ》（ママ）瑚珠《んごじゅ》を○さんごじ　手裏剱《しゅりけん》を○しりけん　百人一首《ひゃくにんいっしゅ》を○ひやくにし　節用集《せってうしう》を○せっちやうし

などが挙げられている。江戸刊の『音曲玉淵集』にも、

しゅの字しと紛れぬやうにいふへき事

とある。江戸語の例には、

亭主《ていし》　二朱《にし》　宝珠《ほうしのたま》　遺趣返し《ゐしげへ》　兄弟衆《けうだいし》　（『浮世風呂』）
施主《せし》　願酒《がんし》　若者《わけへし》　寿命《じみよう》　野宿《のじく》　（『浮世床』）

などがある。

連母音の融合　今日、九州など一部をのぞくと、［ei］は［eː］のように発音される。「映画」「政治」「計画」などそうである。これは江戸語においても一般にはそうであった。『浮世風呂』にも「威勢《いせへ》」「歳暮《せへぼ》」「大勢《おほぜへ》」「亭主《てへし》」「叮嚀《てへねへ》」などと見える。江戸語ではそのほかに、［ai］［ae］［oi］［oe］［ie］なども［eː］となることがある（以下、用例は『浮世風呂』より）。

［ai］→［eː］　張合《はりゑへ》　世界《せけへ》　二階《にけへ》　若者《わけへもの》　外聞《げへぶん》　最後《せへご》　大層《てへそう》　大分《でへぶ》　町内《てうねへ》　出《で》ねへ　互《たげ》へ
［ae］→［eː］　蛙《けへる》　お迎《むけへ》　考出《かんげへだ》した　拵《こせへ》る　お備《そねへ》　名前《なめへ》　手前《てめへ》　取替引替《とりけへひっけへ》
［oi］→［eː］　ふてへ　一昨日《おとてへ》　おもしれへ　気が強《つゑ》へ
［oe］→［eː］　爰《こけへ》来《き》て　何所《どけ》へ
［ie］→［eː］　我家楽《わがゑへらく》　教《をせへ》る

また、［ui］→［iː］の変化も見られる。

寒《さび》い　歯痒《はがい》い　お結《いひ》だ　悪《わり》い

このような現象は現代も方言に見られることがある。

二　文字・表記・文体

近世、正式な文体である漢文に対する和文としては擬古文と呼ばれるものがあったが、最もよく行なわれたのは和漢混淆文である。これに属するものとして漢文訓読調の文章、雅俗折衷文・俳文・俗文などといわれるものがある。しかし、いずれにしろ、近世の文章は多くが文語文であった。ただ、係結びなどは『雨月物語』などにおいても乱れを見せることがあった。

此兄弟《はらから》の王の御心ぞ、都漢土《やがてもろこし》の聖《ひじり》の御心ともいふべし

当時、日常の文字は崩して書かれることが多かった。しかし、漢字は楷書で書かれたものが最も丁寧で、行書・草書に崩したものはそれに相応して丁寧さの度合も落ちる（例えば「様」「殿」の字など）。

近世を通じて漢字仮名まじり文が普通であり、文学作品では、仮名草子・浄瑠璃本・咄本・黄表紙・洒落本などでは平仮名が比較的多い。浮世草子・滑稽本・人情本・読本などは漢字をかなり交えているが、漢字の多い読本でも、その多くには振り仮名がつけられている。

近世に入ると右のような文学作品をはじめとして、出版される書物の種類や部数も多くなってくる。

出版物に用いられる仮名の字体も、初期のものほど種類も多かったが時代が進むとその種類も少しずつ減り、収束の方向に向かう。(1)

片仮名は近世においても漢文の訓読、また訓読調の文体において用いられた。

儒教中心の文教政策を進めた徳川幕府のもと、近世は漢字の盛んな時代であった。漢学者による漢籍の講釈・講談・弁書なども多く片仮名で書かれた（一連の国字解など）。また、本居宣長・富士谷成章のような国学者も和歌の注釈、語句の説明などには片仮名を用いた。江戸後期には洋学（主として蘭学）が起こり、その翻訳・注釈、また、それらに関する学問的な記述には片仮名が多く用いられた。

文学作品では、「アヽ」「ヲヤ〳〵」「マア」「サア」などの感動詞、「ナ」「サ」「ネ（子）」などの終助詞・間投助詞、「ポン〳〵」「トント」「ゴヲン」などの擬声語（副詞）、「チツト」「モウ」「タツタ」などの副詞は片仮名で書かれることが多かった。つまり、より口頭語的な語、時枝（誠記）文法でいえば、より辞的な語ほど片仮名で表われる率が高いといえそうである。

片仮名の他の用法として、補助的な用法のものがある。これは語以前のレベルのもので、例えば、「一ッ」「一トたび」「見レば」のような接尾語、捨て仮名、送り仮名（活用語尾）などに用いられるものであり、また、一つは「取ッて」「知らざァ」「手ン手に」といった促音、長音、撥音を表わすものとして用いられるものである。(2)

三　語法

動詞

今期において、現代の活用とほぼ同じようになる。

ナ行変格活用　前章でふれたように前期上方語においてナ変は四段化した例を見せはじめる。後期江戸語ではほとんどが四段活用で表われる。

(1) 死ぬほどお別れ申すのが否《いや》なのを、思ひきつて出て参ると　（『英対暖語』四）

(2) その男が死ねば盛《さかり》の花を、無理にちらした其姿《そのすがた》　（同）

ナ変の「往ぬる」は江戸ではほとんど用いられない。あらたまった文脈で「死ぬる」の表われることはあったが、江戸ではナ変はなくなっていく。

一段活用　上二段活用、下二段活用は前期上方において一段化が進み、新旧両形は勢力が伯仲していた。今期になると一段化が完了する。しかしこれもまた、格式ばった言い方や、武士のことばなどでは二段活用の形で表われることがあった。

(1) 此《この》近常が請合《うけやつ》て、今は妻さへ持《もち》し身と、とりなし難い浮気では、かへつて年倍《としばい》の成清へ恥をあたゆる同前じやが　（『春色梅児誉美』四）

なお、もともと唯一下一段に活用した「蹴る」は今期において四段活用に転じていく。

(2) 今一人をば力にまかせおしたをし、こちらもけり、あちらもけり、けるける〳〵とけちらかして立たるは、こゝちよくこそみへにける　（『青楼昼の世界錦之裏』地の文）

右の傍線部「けり」は四段化の例となるが、点線部「けちらかし」では依然として「け」とあって「けり」とはなっていない。一般にこのような複合語中では（「蹴る」についていえば、「けたおす」「けかえす」「けとば

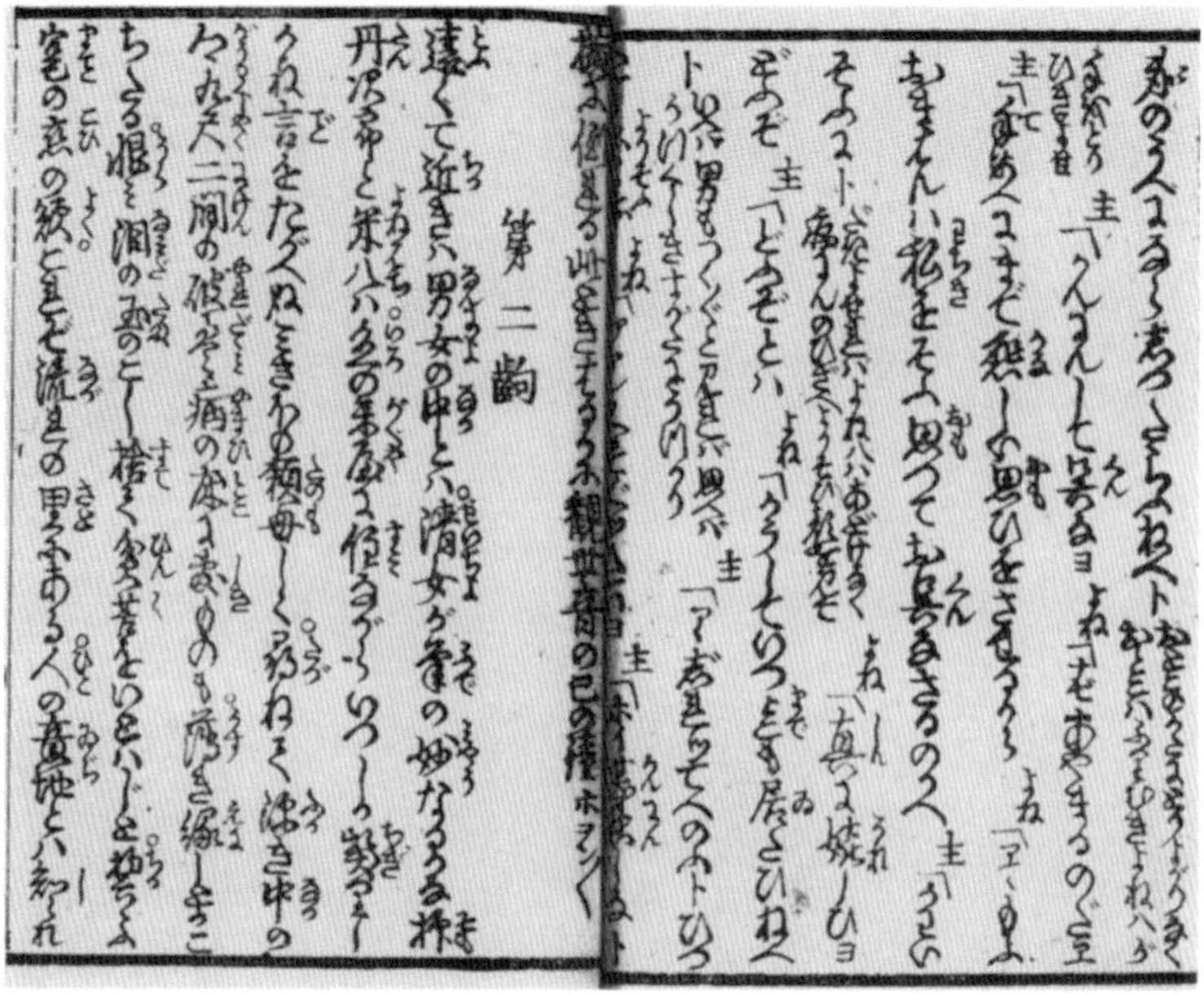

為永春水『春色梅児誉美』（東京大学国語研究室蔵）

す」など）古い形が保存されるものである。

「漢語＋サ変動詞」の四段化

動作性を表わす漢語に「する」をつけると、「成功する」のようなサ変動詞ができる。このうち、一字漢語に「する」がついたもので、江戸後期になるとサ変動詞から四段活用に転じていくものが見られるようになる。

梅を愛す人と言《いへ》ば能《いい》のに、御説法で然《きう》いったも無《ねへ》もんだ　（『春色梅見婦祢』）

このような例は右のほかに、「賀す　解《げ》す　害す　議す　辞す　謝す　熟す　託す　廃す　拝す　復す　服す　訳す　略す」などがある。

一字漢語は独立性が少ない。右のなかでは「謝　熟　託　廃　拝　復」などを単独で用いることはほとんどない。二字漢語の場合、「勉強　練習　生活　発表」など名詞としても用いて、独立性が高い。そのぶん、「練習する」においては「練習」と「する」との間には切れ目が感じられる。ところが一字漢語の場合、「謝し（て）」とあるとき、「謝」にサ変の「し」が付いたものという意識がうすれ、それがあたかもサ行四段の連用形であるかのごとく感じられるのであろう。

「漢語＋サ変動詞」の上一段化　これに属するものには前項において扱ったのと同様、一字漢語に「する」の付いたものが多い。その一字漢語が、(1)撥音（ん）で終わるもの、あるいは、(2)オ列またはウ列の長音で終わるもの、は上一段化することが多いのである。(1)(2)に属するものには次のようなものがある。

(1) 案じる　献じる　減じる　損じる　順じる　煎じる　存じる　談じる　難じる　念じる
　判じる　便じる　弁じる

(2) 動じる　報じる　通じる　封じる　御《ご》覧《らう》じる

一例を挙げる。

(1) 今じやアそれと札が付《つい》て、勤めよくなつたから、案じるわけのものじやアないヨ　(『春色辰巳園』二)

(2) それだつて何所へでも通じる様に書たが能《いゝ》はさ　(『浮世床』初)

ただ、このような上一段化の例は前代にもわずかながら見られる。

(3) 身の衰ふる程いやましに案じらるゝは子の身の上　(『心中宵庚申』中)

可能動詞

五段活用の動詞を下一段に活用させると、可能の意味をもった動詞ができる。この可能動詞の源は室町時代に求められる。当時、可能の意をもち下二段に活用していた「読むる」のような動詞があった。江戸時代に入ると二段活用は一段化するので「読むる」は「読める」となっていく。

(1) よめるかくとおめき給へば、一山の法師たち肝をつぶし、いやなにともよめずといへば　（『一休咄』中）

江戸時代前期上方において、このような用法をもつものとして「読める」以外に「言える」「行ける」「取れる」「呑める」などの形も見られるようになる。

(2) あわがつぶつぶとういた所はどうもいへぬ　（『好色伝授』中）

(3) 定て頼みのくるかたも大分とれる見こみで奉公分といふで有ふ　（『薩摩歌』中）

(4) そうたい今夜はそなたが顔うきうきせいで酒が呑《のめ》ぬ　（『長町女腹切』中）

(5) 泊瀬の皇子を太子に立よといけもせぬ賢女だて　（『浦島年代記』一）

江戸の中・後期になると、右のような語のほかに「持てる」「負へる」「話せる」「食える」「解《げ》せる」「置ける」「打てる」「引ける」「売れる」「利《き》ける」「暮らせる」「さがれる」「吐《つ》ける」など可能動詞としての用法が多く見られるようになる。

これらの語は本来、「四段動詞＋れる」（「読める」について言えば「読まれる」）と同義を表わしたのであって、「れる」が受身・可能・自発・尊敬の意味をもっているのに合わせて、これらさまざまの意味を表わしえたのである。

「持てる」は室町時代にも用いられ、当時は下二段活用で「持つる」という形であった。『日葡辞書』では「モツル」の語釈は「保たれる、支えられる」であり、受身あるいは可能の意が感じられる。その用例「城ガモツル」の意は、「包囲されている城が、降伏しないでよく持ちこたえている」(3)というものである。

江戸の洒落本に多く表われる「もてる」はこれの延長上にあるもので、「（客が遊女に）ふられないでよく持ちこたえられる」からさらにもう少し進んで、気に入られるという意になっていったものである。

(6) どこへいって一チ座しても、とかくひとりもてるそふさ　（『古契三娼』）

次の「置ける」も、(7)は可能の意でよいが、(8)には自発の意が感じられるだろう。

(7) そりやう聞ちやァモウうつちやッてはおけやせん　（『喜和美多里』）

(8) ナニおめへの処の母御《おつかァ》なんざアちつとも心はおけねへはな　（『春色梅児誉美』二）

「気のおけない人」という場合の「おける」は「自然と気がおかれてしまう」という自発の意であろう。それによって、「気のおけない人」は本来プラスの意をもつのである。この「おける」を可能の意にとると、「気を置くことができない人→気の許せない人→油断のならない人」のようにマイナスの意をもってくる。今日ではこのように解釈する人も出てきた。

「行ける」は前期上方においてすでに用いられており、その意も「行くことができる」よりも、否定の文脈で「よくない」「いけない」「だめだ」の意で用いられることが多かった。江戸後期にもその傾向は受けつがれる。

(9) （次郎）どふだ忠五、久しいの。いゝ事でもあるか。（忠五）とんといけねヱ　（『辰巳之園』）

もちろん、「行くことができる」の意で用いられることもある。

(10) おれはあそこへはいけねへ　（『売花新駅』）

しかし、江戸後期には「行くことができる」の意は「れる」を用いて「行かれる」で表わすことが多かった。

(11) 一ツ所にいかれぬといふ事があるものか　（『八笑人』上）

(12) 欠《かけ》ていかれる身だといゝが　（『春色梅児誉美』初）

「負える」ももっぱら打消の文脈で用いられ、とくに「おえねえ（おえない）」の形で用いられることが多い。これは「手に負えない・どうしようもない」の意で形容詞のように用いられる。

⒀ おへねへとんちきだの（『南客先生文集』）

江戸後期には、形は可能動詞と同じく下一段活用でも、意味は自発または受身で用いられるものもあった。

⒁ 是から又（酒ヲ）呑《のん》だら、あした天窓《あたま》がやめて鼓《つづみ》がする〈自発の例〉（『八笑人』三）

⒂ あの女郎もとしはいかぬが気のふとひあまじや、すこしもうてるやうすなくあいそづかしをいゝおつて〈受身の例〉（『廓の桜』）

四段他動詞「引く」に対応する「引ける」（今日、「気が引ける」のように用いる）も近世前期上方から見えている。そして江戸後期になると、今日「会社が引ける」というような「引ける」に連なる用法も出てくる。

⒃ 「どふだ引けるか」「何ンだ引けるか。引けるの引けねへのと、色事のむしんか車力《しやりき》じやァ有るめへし」（『中洲の花見』）

右の例からは、「引ける」には可能の意もあったことが知られる。

このように可能動詞の種類も数もふえてくるのであるが、「れる・られる」による可能表現もなお行なわれた。

⒄ 長いとも〱一息で云《いは》れぬ程な戒名のあるを見ては（『浮世床』二）

⒅ 是ぢやァ築地《つきぢ》へ帰られねへトいふが通句《とほりく》になつた（同、初）

明治に入っても同様で、明治生まれの人の口からは近年までこの言い方が聞かれた。

打消の助動詞

近世前期上方では「**ぬ**」であるが、江戸では「**ない**」である。古来、今日まで西日本は「ぬ（ん）」、東日本は「ない」という対立がある。江戸後期には「ない」のほかに「ぬ・ん」も見られる。上方語の表現法は各種、江戸にも浸透していたのである。

江戸語においては、後になるほど上方語的要素がうすれていく。打消の「ない」ははじめのうち、もっぱら終止連体形しかなかったが、これが徐々に各活用形を獲得していくことになる。「ず」「ぬ」系から「ない」系への移行である。

「…しないで」の意は上方では「行かいで」のように「いで」で表わすことが多い。「…ずに」も用いられたが、「いで」は上方専用である。「ずに」は式亭三馬の滑稽本にもなお見られる。

(1) おらア夫《それ》とはしらずにいけぞんぜへな言《ものいひ》をした　（『浮世床』初）

(2) 名をばお呼び遊ばさずにおちやツぴいヤ於《お》茶《ちや》ヤ〳〵とお召遊《めしあそ》ばして　（『浮世風呂』）

しかし、ここではまた「ないで（ねへで）」も用いられている。

(3) あんまり傍《そば》に居ては見つからねへで遠くの人に拾はれる利屈さ　（『浮世床』初）

(4) そつちの娘のいたづらなことはいはねへで人の子に返《けへ》りくじを食《くは》せる　（『浮世風呂』）

これが、為永春水の人情本になると、もっぱら「ないで（ねへで）」となってくるのである。

「なく」の例　打消「ない」は江戸の後期に「ない」以外の形、「なく」「なかつ」「なけれ」を整備していくのだが、まず次のような「なく」が見えるようになる。

(5) ゆびがどこへかとんで見えなくなつたのさ　（『古契三娼』天明七年〈一七八七〉）

(6)今迄いさしつたやうだが、もふどけへかみえなくなつた（『総籬』天明七年〈一七八七〉）

(7)わしやァ先の月からお身様をとふぞ〳〵かひたく思つたがどうも相番のうちにやかましくいふ者があつて札をあげてくれねへからむしどうもこられなくごさつたが（『文選臥坐』寛政二年〈一七九〇〉）

(8)爰《こゝ》にいれはよしやおまへにあわれなくつてもたよりで聞れるとそれからおもひ直して（『通言東至船』文化元年〈一八〇四〉）

(9)どふした訳で急に身代がたゝなくなつたのでありますヱ（『春色梅児誉美』初、天保二年〈一八三一〉）

(10)今までの奴《やっこ》な気まへが出なくッて只心ぼそくばかりなるョ（『春色梅児誉美』四）

右の(5)(6)(9)に見られる「―なくなる」は「なく」が登場するまでは「―ないようになる」という形で言い表わされてきたのである。

「なけれ」の例

(1)わたしやかゝサンに見せなけりやならぬ（『郭中奇譚』明和六年〈一七六九〉）

(2)余程《よっぽど》いそがなければならねへ（『春色梅児誉美』四）

(3)昨夜《ゆふべ》お目にかゝらなければ此思ひはあるまひかとぞんじます（『英対暖語』初、天保九年〈一八三八〉）

この「なけれ（ば）」は次のような「ないけれ（ば）」より生じたものである。

(4)お前様《まへさん》に是非お目にかゝらなひければならなひ事が出来ましたから（『春色梅見婦祢』四、天保十二年〈一八四一〉）

「ないければ」は『浮世風呂』『浮世床』では「ねへきやア」の形で表われている。これはナイケレバ→ナイケリヤ↓ネエケリヤア↓ネエキヤアとして生まれたものである。

(5) わたしは帰り道で胡椒《こせう》を買《かは》ねへきやァならねへ　（『浮世風呂』三）

次は洒落本のナイケリヤ、ネエケリヤアの例。

(6) 旦那に水上ケおたのみ申さないけりやならぬ　（『郭中奇譚』）

(7) この中《ちう》からおのしたちに、はなそうとおもつて居ル事が有《ある》が、こんな揃ッてゐる時はなさねへけりやァきまりがねへ　（『侠者方言』明和八年〈一七七一〉）

「なかつ」の例　打消の過去は上方では「なんだ」、江戸においても「なんだ」が用いられるが、「なかった」が徐々に用いられるようになってくる。(4)

(1) 羽織なしでは表は辺《あた》りが見られて、あるかれなかつた　（『当世虎の巻』文政九年〈一八二六〉）

(2) けふはなぜ久しく屋敷へは出なかったか　（『楠下埜夢』文政十年〈一八二七〉）

(3) ほんにはかねへうきよたァいゝながらおれがからだもこれほどにしがねへものたァおもわなかったが　（『青楼夜話』天保三年〈一八三二〉）

(4) どうもまた芸を磨いたものばかり、みがゝねへじやアならなかつたそうだから　（『春色辰巳園』二、天保四年〈一八三三〉）

(5) あれはほんに思ひもつかなかつた　（『春色恵の花』二、天保七年〈一八三六〉）

このようにして、「ない」は「なく」「なけれ」「なかつ」と活用形を揃えていった。これは打消「ない」が、形容詞「ない」の活用にならっていったものと思われる。

ここで次のような表を示したいと思う。

形容詞		助動詞
なく（て・なる）	――	（行か）□
なかっ（た）	――	（行か）□
ない（終止連体形）	――	（行か）ない
なけれ（ば）	――	（行か）□

つまり、形容詞の活用に類推し、助動詞「ない」が、右の空欄を埋めていき、その活用形を整備していったものと思われるのである。

そして、これをおし進めた要因の一つとして「いけない」「つまらない」「すかない」という語の存在が考えられるのである。これらの語に含まれる「ない」はもともと動詞「いける」「つまる」「すく」に付いた打消の助動詞であるが、意味的に見ると一語化した形容詞のような印象をも与える。江戸後期、「いけない」は「行くことができない」という意味よりも「よくない」の意で用いられることが多い(5)。「いけない」「つまらない」が一語の形容詞のように認識されるようになると、これが「いけなく」「つまらなく」という形をとるのは自然なことである。そしてまた、「いける」「つまる」「すく」はなお動詞としての用法もあったので、例えば「いけない」の「ない」は打消の助動詞のようでもあり、形容詞の一部のようにも見えたであろう。打消「ない」の活用と形容詞「ない」の活用の接近はこのようなところにも一因があると思われる。

丁寧の打消　「行く」を丁寧に打ち消すとき、今日では「行きません」のように「ません」を用いる。「ません」の「ん」は本来、江戸ではなく上方の助動詞である。しかし、江戸においても丁寧な文脈中ではこのような上方語的要素の表われることがある（「お早うございます」のように形容詞のウ音便が、「ございます」「ぞんじます」のような丁寧な表現に続くときに表われるのもその例である）。

「ます」には「ぬ・ん」が続くのが普通なのだが、稀に「ない（ねえ）」の続いた例も見られる。

(1) 是《これ》だものを。いくぢはございましねへ　（『浮世風呂』三上）

「ます」に「なんだ」の付いた「ませなんだ」は近世前期上方に行なわれていた言い方である。

(2) まだ正月の礼にさへ参りませなんだ　（『傾城阿波の鳴門』元禄八年〈一六九五〉）

江戸でもこの言い方が行なわれ、その後、これより生じた「ましなんだ」の形が徐々に多く行なわれるようになる。

(3) ヲヤお出《いで》なさいまし、さつぱりぞんじませなんだ　（『春色辰巳園』四）

(4) 昨晩このお手紙をたのまれましたが、あまりおそくなりましたゆゑお届け申ましなんだ　（同、二）

今日の「ませんでした」の形が表われるようになるのは明治に入ってからである。

(5) Ano-h'to-no shit'tats-wo kikimasen deshita.　（『英和通信』明治五年〈一八七二〉）

その後、この「ませんでした」に定着していくのであるが、その過程においては「ませんだ」「ませんであった」「ませんだった」「ませんかった」など、さまざまの形が試行錯誤のように表われては消えた。

助　詞

理由を表わす接続助詞。前期上方には、①（已然形につく）バ、②ユエ、ユエニ、③ホドニ、④ニヨッテ、⑤

カラ、⑥サカイ、サカイニ、サカイデ、などがあった。江戸後期になるとノデが発生する。

「から」は古来格助詞として今日まで用いられているものだが、前期上方においてようやく接続助詞としての用法が見えはじめる。

(1) コレ〳〵あんずる事はちつ共ない、外には人も知らぬから、一先内へいなしやんせ

(『袂の白しぼり』上)

また、次のような「から」もある。

(2) おひさをだきに三人が申合せて参るから、七兵衛ひとりは帰られぬ

(『心中二ツ腹帯』)

ただ、これには次のような「からは」に近いニュアンスが感じられる。ちょうどこの頃、格助詞「から」からようやく、接続助詞の「から」が生まれでたことが理解されるのである。

(3) 誰に恨みもないからは家出を致そふ様がない

(『心中二ツ腹帯』)

江戸後期、接続助詞「から」が、上方の「さかい」に対して特徴的であったことは、有名な『浮世風呂』二編上の「言葉争い」の一節によっても知られる。上方の女性が、

さうだから斯《かう》だからト、あのまア、からとはなんじやヱ

と言う。すると江戸の女性が反論する。

「から。」だから「から」さ。故《ゆゑ》といふことよ。そしてまた上方《かみがた》の「さかい」とはなんだへ

今度は上方の女性が答える。

「さかい」とはナ、物《もの》の境目《さかひめ》じや。ハ、物の限る所が境じやによつて、さうじやさかいに、斯《かう》した境と云《いふ》のじやはいな

右のことばのなかで、上方の女性は上方語らしく「によって」という接続助詞も用いている。この東西の、理由を表わす接続助詞論争は、江戸の女性が百人一首の「吹くからに秋の草木のしほるれば」を持ちだしてひとまず終わっている。

「**ので**」の発生には、連体形準体法の弱まりがかかわる。逆接の接続助詞「のに」の発生についても同様である。ノデの例は江戸後期においても比較的少なく、安政期に入ってから増加してくるという(6)。

(1) はたから口をだすので、釣込まれてならねへ　(『七偏人』二上)

(2) 我ガ世話人ガ死ンダノデ我ガ望ミ事ノ当テガ皆違フタ　(『和蘭字彙』85ウ)

これより早い例では宝暦・明和・安永・天明期の川柳に見え、また、本居宣長の『古今集遠鏡』(寛政九年〈一七九七〉)に見えている。

ノデは次のようなデに準体助詞ノが付いたものであろう。

(3) 通ツテイク道ガナイナラバ　秋キタ雁ガ春カヘリハスマイニ　霞ノ中ニモ道ガアルデ春ハカヘルデアラウ　(『古今集遠鏡』巻三・四六五)

逆接「**のに**」の発生は、ノデよりも早かったようである。前期上方においても紀海音の作品などに表われている。

(1) 二時も先からまいつてござるのに跡へさがつて何ンぞ又、あじなしゆかうがあつた物　(『八百やお七』上)

ノニの成立以前は次のようにニで表わされていた。

(2) お情にあづからふと存じたに、いかなにつこりと笑顔も見せず　(『心中天の網島』上)

次の『狂言記』の例は、準体助詞ノ＋ニから接続助詞ノニが生まれていく過渡的な例といってよいだろう。

(3)まだ半時もせぬのに夜あけのからすがなきまする　（『花子』）

江戸後期の例では、洒落本にはまだ少ないようだが初期の『遊子方言』に三例見られる。(7)

(1)しかも其ばんは、いそがしいばんで御座りましたのに、帰りませんから、帰りますと、大きに、ふり付《つけ》てやりんした

『浮世風呂』には一七例見られるという。

(2)些《ちっ》と熱いと思つた湯も、湮《うめ》ちやアロがうるせへから、しんぼうして這入《へいって》居るのに、あんまりてへばむやみな仕方だ　（三上）

天保期以後の人情本になるとノニが多く表われるようになる。

(3)立派《めかし》て来るにはおよばねへのに、亦おれに惚《ほれ》られやうと思つて化粧《おつくり》でもして居るだろう　（『春色辰巳園』二）

敬　語

あなた　「あなた」は「山の彼方《あなた》」のように、もともと方向・方角を表わす語であったが、人称代名詞としても用いられるようになった。はじめは他称の代名詞として表われたが、次いで、対称代名詞として用いられるようになった。上方では宝暦（一七五一―六四）頃から対称の例が見られるようになる。江戸でも明和（一七六四―七二）頃には対称の例が見られるようになる。

(1)おまへさまは、おみわすれ申しんして御座りますが、あなたは、どなたさまで御座りましたね　〈茶屋女房→客〉　（『遊子方言』）

右の例の冒頭には「おまへさま」も見える。これは「おまへ」に「さま」が付いたもので前章でもふれた。オマエはオメエともなり、また、オマイとなることもある。サマはサンとなり、また、ハンとなることもあった。それゆえ、これらの組み合わせ等で、オマエ、オマエサマのほかに、

オマエサン　オマイ　オマイサン　オマエハン　オマハン　オメエ　オメエサン　オメエハン

などの形が表われた。このような場合、語形が変化して（崩れて）いくほど敬意は下がっていく。オメエはオマエより敬意は低くなり、同様に、オマエハンはオマエサンより低くなる。また、前期上方では最高位の敬意を表わしたオマエも江戸後期になると敬意が漸減するが、今日のように目下にのみ用いるのではなく、まだ、敬意を保っていた。

(2) おめへも出る幕ぢやアねへよ。鉄炮の隅《すみ》へかゞんでお念仏でも申て居な　〈下女さる→下女べか〉
（『浮世風呂』三上）

(3) おゐらんヱ、おまへさんがそんなに言《いつ》てお呉《くん》なさると私《わたし》はモウ　〈お長→此糸〉
（『春色梅児誉美』初）

(4) ヱヽもふおまはんは私《わちき》をそふ思つてお呉《くん》なさるのかへ　〈米八→丹次郎〉　（同）

右の(3)で、お長は相手に高い敬意を払って「おまへさん」と呼び、自分を「私《わたし》」と言っている。また、(4)で、米八は相手を「おまはん」と呼び、自分を「私《わちき》」と言っている。このように対称代名詞と自称代名詞には一定の対応関係がある。敬意の高い対称代名詞で相手を呼ぶとき、自称としてはそれにふさわしい代名詞が選ばれるのである。

人情本を調査した池上秋彦氏によれば、江戸語における一・二人称代名詞を、敬意・丁寧さ・親密さなどの度合によって並べてみるとだいたい次のようになる[8]。

A　男性が使用した場合

一人称――わたくし・わたし・わし・わっち・おいら・おれ

二人称――あなた・おまへさん・おまへ・おめへさん・おめへ・てめへ

B　女性が使用した場合

一人称――わたくし・わたし・わちき・わたい・わっち・おいら・おれ

二人称――あなた・おまへさん・おまはん・ぬし・おまへ・おめへさん・おめへ・てめへ

これによっても知られるように、「あなた」と「おまへさん」は最高位に属する対称の代名詞であった。小松寿雄氏によれば、

①アナタにはお屋敷言葉・遊ばせ言葉としての性格があり、また、②町人が目上に対して話す場合、相手が武家であればアナタで、町人であればオマエサンで言い表わす傾向があった。(9)

『浮世風呂』二編下で、下女おやすは自分の主人である嫁に対して「あなたヱ」と呼びかける。この嫁は屋敷勤めをしていたのだが、下女おやすもその世話をする奉公人として大名屋敷に住みこんでいたのである。下女のおやすについて三馬は次のように記している。

▲下女おやすも、このよめが、やしきづとめの頃より、部やがたにつとめたるが、よめいりについて、こんれい付のこしもとゝ見えしがだんなさまの名をよばず、あなたヱあなたヱ、と発言して、用事をのぶるなり

おやすはその旦那であるよめとともに屋敷から下がっても、従来の習慣どおりにお屋敷言葉を用いているのである。これについては嫁も同様で、この嫁も下女のやすを呼ぶとき「弥寿《やす》か」と呼ぶ。これに対して三馬は次のように注している。

○常のことばなら、弥寿やとよぶ所なれども、此よめはいまだおやしき詞うせぬゆゑ、やすか弥寿かと、かの声によぶなり。

主人にはアナタを用いるおやすも、目上のおかみさんに対してはオマエサンを用いている。

(5) イヱもう、恥を申さねば利が聞えぬとやらで、私《わたくし》の姉がおまへさん、男望《をとこのぞみ》でございましてネ。小ぎれいな男を亭主に持ましたが、サアおまへさんその人がネ、兎角浮虚《うはき》が止みませんで大きに苦労致します。

やすのおかみさんへのことばのなかにアナタも表われるが、それは他称を表わしている。

(6) ハイ。いへもう私《わたくし》の旦那をお誉め申すもいかゞでございますが、惣別お気立のよいおかだ《ママ》でネおまへさん。あなたがお屋敷にお出遊す時分は、お部屋中で評判のお結構人でございました。

右で「あなた」は旦那（＝主人である嫁）を指しているのである。

アナタと貴様　「あなた」は対称の代名詞としては前期上方語にはまだ表われない。後期江戸語において（上方語においても同様）、最高位の対称代名詞として表われるのである。「貴様」は前期上方語において、待遇表現を五段階に分けたとき、最高位の「お前・お前様・こなた様」に次いで第二位に相当する敬意を有する語であった[10]（第二位には他に「こなた」が属し、「こなた様」は第一、第二位にまたがる）。

次の例によってもアナタと貴様の敬意が推察される。

（やど引）あなたがたは。おとまりでござりますか　（弥）きさまはおだはらか。おいらァ小清水《こしみづ》か白子屋《しろこや》に。とまるつもりだ　（『東海道中膝栗毛』初）

宿引は客の弥次郎兵衛、北八に対して「あなたがた」と呼びかけ、逆に、弥次郎は宿引に対して「きさま」と呼びかけている。弥次がさらに、「きさまの所はきれいか」と尋ねると、宿引はまた、「さやうでござります」と、その後も一貫して、「ござります」という丁寧な言い方で対応しているのである。

福沢諭吉は、中津藩における上等士族と下等士族間のはなはだしい区別について述べた箇所で、物言いについても次のように言う。

又言葉の称呼に、長少の別なく子供までも、上士の者が下士に対して貴様と云へば、下士は上士に向てあなたと云ひ、来《き》やれと云へば御いでなさいと云ひ、足軽が平士に対し徒士《かち》が大臣に対しては、直に其名を云ふを許さず一様に旦那様と呼て、其交際は正《まさ》しく主僕の間の如し　（『旧藩情』）

福沢はまた、中津藩の士農商のことば遣いの違いにつき、次のように対比して示している。

	上士	下士	商	農
見て呉れよと云ふことを	みちくれい	みちくりい	みてくりい	みちぇくりい
行けよと云ふことを	いきなさい	いきなはい 又いきない	下士に同じ	下士に同じ 又いきなはりい
如何せん歟と云ふことを	どをしよをか	どをしゅうか	どげいしゅうか 又どをしゅうか	商に同じ

これは特に敬語にかかわるものではないが、士農商という階級によることばの違いがうかがわれ、士族ではまた上下間で違いのあったことがわかる。このなかでは上士のことばに最も通用性が感じられるであろう。

デス　丁寧の断定を表わす「です」の起源については諸説があり、中村通夫氏の論考に詳しい[11]（括弧内は中村氏以後のもの）。①デアリマス起源説、②デゴザイマス起源説（吉川泰雄）、③デ、ス起源説、④デオワス起源説、⑤デ候起源説（鈴木勝忠、前田勇）などである。

デスという語形は、狂言で大名の名乗りなどにしばしば表われる。

(1) 罷出たる者は、東国にかくれもなひ大名です　（虎明本狂言「入間川」）

狂言では大名のほか奏者・鬼・山伏などが用いる。このデスは「にて候→で候→でさう」をへて成立したもので、もともと格式ばった表現であったが、使用が限られ古めかしく田舎くさい意味合いをもつようになったものかと思われる。このようなデスと今日のデスとを連続したものと捉えるか否かで、見方が分かれることになる。江戸語においても洒落本などその初期においては、デスの使用者も、男だて・医者・たいこ持・遊女など特定の階層に限られていた。

(2) おいらを狐が、はらませて、御亭《ごて》になろとは、わしや、やです。やです〱、やでもです。しんじつやあでは、なけれども、人目はづかしけりや、わしややです。やですと云事は、いわねェもんです

（辰巳之園「やだちゅう節」の一節）

(3) 医者か飛脚か、我ながらげせぬです　（『人心覗機関』上）

そうしてまた活用形も「です」という形のみであり、活用語にも「の（ん）」を介さずに直接に付いた。

しかし、幕末になると使用者も一般の男女に広がり、活用形も未然形・連用形が表われ、徐々に現代と同様の用法になっていく。

(4) 時に与四《よし》さん、コヲなすつちやアどうでせう　（『春色恋廼染分解』三上）

デアル　言い切りの形「である」の成立についても諸説がある。[12] 中村通夫氏は、今や定説化しつつある「で

ある」説について、次のようにまとめた。①中世に見られた「である」は近世に亡んだ。②中世の「である」とは無関係に、近世末期、蘭学者の間に「である」が発生した。それはおそらく九州方言に由来するものであろう。③蘭学書での「である」はオランダ語の zijn の直訳語として創始された。④この蘭学者の「である」は近代言文一致文の「である」言葉の起源となった。

これに対して氏は、「漢学者の講釈・講談の類、国学者の口語訳の類、僧侶の説教その他に見られるデアル、デアラウ、デアッタ」の例を示し、「教養層の言語を中心としてこの語を見出すことができる」として、「デアルは近世に亡んだのではなく、近世を通じて教養層に用いられており、したがって蘭学をまって近世に新たに発生したものでもなければ、蘭語の直訳のために創始されたものでもない」ことを説いた。

例えば漢学者の講釈では、服部南郭の『唐詩選諺解』に次のような例が数多く見える。

(1) 実ニ人トイフモノハハカナイモノデアル (巻一)

(2) ヲチフレテイルヲナクサメルテアル (巻二)

(3) 春ノコトユヘ何ヤカヤ春メイテ面白イテアル (巻三)

(4) 実ハ乱世ヲソシルノデアル (巻三)

また、国学者の里言解の例では、富士谷成章の『あゆひ抄』に、

さきだゝぬくいのやちたびかなしきはながるゝ水のかへりこぬなり〔ノデアル〕

のようにあり、また、

なりけり〔デアルコトヂヤ〕

ならば〔デアルナラ〕

つるなりけり〔タノデアルコトヂヤ〕

のような里言解が示されている。

また、禅宗関係では呑海光鱗の『刊雪竇頌古称提聞解』（寛政六年〈一七九四〉）には、

大キニ謾語ニ逢レタ笑止ノ事デアル （上32オ）

雲門ノ如ク斯僧ノ如クテアル （上35ウ）

のように見える。

このようにデアルは漢学者・国学者・僧侶・書家・俳人および教養ある武士など、当時の教養層の間で、国字解・里言解の用語として用いられていた。そのようなデアルを近世末期に蘭学者たちがオランダ語の翻訳に際して用いたというのは自然な解釈であろう。蘭学者はまた同時に漢学を修めているというケースも多かったはずである。

イルとヲル　「をる」はもともと謙譲語であった。しかし、文章語あるいは漢文訓読の世界、古めかしい文脈などではヲルはほとんどイルと同義で用いられることがあった。

(1) 後漢書伝《ノ》曰《ニク》。大‐倭王《ノ》居《ヲレリ》二耶‐馬台国一《ニ》 （『日本書紀神代抄』起）

(2) 彼者《カレハ》住于吾之家《ワガカタニスミテヲル》 （『払郎察辞範』二）

ヘボンの『和英語林集成』初版（一八六七年）でも「居《ヲ》ル」の項に、「寝テヲル・ドコニヲル」等のほか「火ガ燃エテヲル」のような例文が挙げられている。「フサガル（塞）」の項には「茶碗ミナフサガツテヲル・道ガフサガツテヲル」のような例がある。

しかし、一般に話し言葉の世界では、オルは謙譲語であるから「私ハココニオリマス」のような、自分の行動・動作についていうのが普通の用法であった。しかし、これにもまた「雨ガ降ツテオリマス」のような用法がうまれるようになる。

(3) お茶は未だ沸いて居《をり》ませんかえ　（『妹背鳥』天保十一年〈一八四〇〉）

すなわち、話し手の動作にかかわることなく、一般的な動作・作用について用いられるようになった。いわゆる丁寧の用法である。

また、敬意を表わすべき相手に対して、「申す」に尊敬のルル（レル）をつけた言い方が近世前期上方には見られる。同様に、本来、同じ謙譲語たる「致す」「参る」にレルを付けて尊敬を表わすこともあった。この場合の「申す・致す・参る」などは丁寧語（丁重語）と見ることができる。

同様の例が、ヲルについても見られる。

(4) おれが親父《しんぷ》は知行三百石とりて居《を》られたが、その時分は軍《いくさ》か多くて不自由な事でおじやった　（『おあん物語』）

これは武家言葉の反映と見られるものであろう。

「謙譲語＋レル」による尊敬表現としての用法は、申サレルのほうがオラレルよりも早く表われる。しかし、今日では申サレルよりもオラレルのほうが尊敬用法としては広く浸透していると見ることができる。

第六章　明治時代以降

慶応四年（一八六八）七月、江戸は東京と名を改めた。九月には年号が明治となり、社会は大きく変化した。士農工商の身分制度は廃止され、中央政府による統一的な政治が行なわれるようになる。人びとは土地に縛られることなく、地方から東京に移り住む人も増えた。教育制度も整備され、一般の人びとも新聞や雑誌を読むようになる。

社会のしくみの変化は、当然ことばの面にも影響を与える。「文明開化」ということばが示すように、欧米文化が激しく流入し、日本語にも大きな影響を与える。翻訳を通して日本語は語彙や文法の面で大きな影響を受けた。国語国字問題が意識されるようになったのも、欧米文化との接触によるものである。漢字の問題や、「標準語」や「言文一致」についての議論が盛んになり、文学者によってしだいに言文一致体の文章が形づくられていった。学校教育も、明治時代以降の日本語、すなわち「現代日本語」の確立に大きな役割を果した。言文一致体は、教科書の文章でも追求され、文学における言文一致体の確立とほぼ同じ時期にできあがった。

社会のしくみの変化は、待遇表現にも影響を与えた。四民平等が建て前となり、江戸時代のように、身分や職業によって待遇表現が決まるのではなく、場面によって流動的に待遇表現がなされるようになる。

昭和に入るとラジオが普及し、昭和後期にはテレビが一般化して、日本語のあり方にも大きく影響するようになる。とくに方言に与えた影響は大きい。大まかにいうと、現代日本語は大正時代に確立し、昭和二十年以後、大きく変容しつつあるといえる。

なお、現代日本語の資料には、江戸時代までのものとはかなり違ったものが考えられる。大まかに分けると、次のようになる。

○文学作品　○新聞・雑誌　○教科書　○日本語についての、日本人および外国人の研究書

また、その資料が造りだされた経路によって

○書かれたもの　○翻訳されたもの　○速記されたもの　○録音やビデオによって記録されたもの

などに分けられる。

一　音韻

現代日本語の音韻体系は、江戸時代の音韻体系を受け継いでいるが、消失してしまった発音や、外国語の影響で新しく生まれた音節もある。

例えば、江戸訛《なま》りは東京の下町言葉として受け継がれたが、今日では、その多くが失われている。その一つにヒをシと発音することがある。この発音は明治時代には、まだかなり残っていた。

品《しん》が悪《わり》いてツたツて

此不景気でもつて。座敷なんざア二三日お茶のシキつづけといふ始末だから

（二葉亭四迷『浮雲』明治二十年〈一八八七〉）

（坪内逍遙『当世書生気質』明治十八年〈一八八五〉）

しかし、今日では少なくなり、使われる場合でも、「ひと（人）」とか「おひ（日）さま」など特定の語に限られている。

シュ、ジュを直音で、シ、ジという傾向もなくなった。以前は、「新宿」「千住」は、江戸以来の習慣で「しんじく」「せんじ」と直音で言うのが普通であった。今では「しんじゅく」「せんじゅ」と拗音で発音する。[1] 耳で聞いて覚えるのではなく、文字を見て発音するようになったためであろう。明治時代には、「亭主《ていし》もたずに」（『浮雲』）、「冷酒《れいし》は持参致して居りますが」（三遊亭円朝『怪談牡丹燈籠』明治十七年〈一八八四〉）のような例も見られる。

江戸訛りの一つである連母音の融合も、明治時代までは「外聞《げへぶん》がわるい」「でゑく（大工）」（仮名垣魯文『安愚楽鍋』明治四年〈一八七一〉）など、かなり用いられたが、今日では「知らねえ」「痛（いて）え」「汚ねえ」といったくだけた言い方にしか残っていない。

「は」「を」などの助詞が上に来る語と融合する現象で、江戸語に特有の言い方は、夏目漱石の作品にも見られる。「善良な夫人でさあ」「外の事たあ違ふんだから」（『行人』大正元年〈一九一二〉）、「私なんざあもう年来馴れつ子になつてゐるから」（『道草』大正四年〈一九一五〉）、「馬鹿あ云つてる」（『二百十日』明治三十九年〈一九〇六〉）などである。『不如帰』（徳富蘆花、明治三十一年〈一八九八〉）にも「腹あ立てやがツて」という言い方が見られる。漱石の作品には他にも、「己惚《おのぼれ》」「どうれで静かだと思つた」（『吾輩は猫である』明治三十八年〈一九〇五〉）、「淋《さみ》しくはないですか」「代助は眩《まぼ》しさうに、電気灯の少ない横町へ曲つた」（『それから』明治四十二年〈一九〇九〉）など、江戸訛りの名残りが見られる。

促音が挿入されると、その後のサ行子音が破擦音化する現象は江戸時代以来のものであるが、「まっすぐ」を

「マッツグ」と発音する習慣も今では少なくなった。昭和二十四年（一九四九）の国立国語研究所の調査[2]では、下町の小学生の七・五％しか「マッツグ」と言わないという結果が出ている。山の手の小学生では三・二％とさらに少ない。「お父《とつ》さんはもう貫一さんに話を為すつたらうか」（尾崎紅葉『金色夜叉』明治三十年〈一八九七〉）の「おとつさん」という表記は明治末期まで普通に見られるが、おそらく「オトッツァン」と言ったものであろう。

あら貫一《くわんいつ》さん、是ぢや切《せつ》なくて歩けやしない。（第二章）

という例の場合、「貫一さん」は現在の人なら「カンイチサン」と言うであろうが、この箇所は促音が入っているから「カンイッツァン」と発音されたものと思われる。[3]

「こと」が「だ」「で」に続くとき、「コッタ」「コッテ」と促音化するのも江戸語以来の習慣であるが、下町言葉に残った。久保田万太郎の『春泥』（昭和三年〈一九二八〉）には「何てこツた」「とてもあとからおもひ及べるこつちやアねえ」といった例が見られる。

形容詞の連用形に「て」を下接するとき、促音を挿入して「五月蠅くつて勉強出来ないからね」（武者小路実篤『友情』大正九年〈一九二〇〉）という言い方も江戸以来のものであるが、これは今日も残っている。

連母音については、長音に発音するかどうかという問題がある。「買う」「歌う」「貰う」などワア行五段活用の動詞の終止形・連体形は、江戸後期から「カウ」「ウタウ」「モラウ」と連母音にも、「コー」「ウトー」「モロー」と長音にも発音した。[4]ヘボンの『和英語林集成』初版（一八六七）には、「歌う」は、二つの形が載っている。

UTAU, -au, -atta, ウタフ、謡, t.r. To sing.

Utō, ウタウ、Same as *Utau*, see *Utai*, 歌.

第二版（一八七二）も同様であるが、第三版（一八八六）では長音の形は記載がない。東京では、明治の前期には、連母音の形が一般化したのであろう。『広辞苑』(初版)や『広辞林』(初版)で、「うたう」を「〈うとう〉の口語」としているのも、古くは「ウトー」であったのが、話し言葉としては「ウタウ」が普通になったことを背景にしているものと思われる。

現代東京語の一つの特色である母音の無声化は江戸時代からのもので、今日でも見られる。無声子音の間の[i]や[ɯ]、あるいは文末の「です」「ます」の[ɯ]が無声化しやすいのである。

ガ行子音の[g]と[ŋ]は、語頭では[g]、語中語尾では[ŋ]という使い分けが江戸語からあったが、東京語にも引き継がれた。ただ、最近では東京でも、この使い分けのできない人が増えてきている。

江戸時代にはなかったことは、外国語の影響で、新しい音節が生まれてきたことである。

音韻体系の異なる外国語は、そのままの形では日本語のなかに取り入れることはできない。日本語の音韻体系に合うように改める必要がある。そうした形で日本語に取り入れられ、社会的に承認されたものが、外来語である。したがって、普通はすでにある日本語の音節を使って表わすのであるが、最近は外国語(原音)の発音に近づけようという傾向が強くなり、これまで用いられなかった音節が一般化してきている。例えば、従来は手持ちの音節を使って「セパード」と言っていたのを、最近は今までなかった「シェ」という音節を使って「シェパード」と発音する人が増えてきた。こうした音節は他に「チェ」(チェス・チェロなど)「ファ」(ファン・ファーストなど)「ティ」(ピーティーエー・ティーバッグなど)がある。そこで、これらの新しい音節を、日本語としてどこまで認め、それをどう表記するかという問題が出てきた。

平成三年(一九九一)六月の「外来語の表記」についての内閣告示では、新しい音節として三三を認め、国語化の度合の高い第一表(シェ、チェ、ティ、ファなど一三)と、国語化の程度がそれほど高くない第二表(イェ、クェ、ツェ、ヴァなど二〇)に分けて、表記の仕方を示している。

二　語　法

現在使われている共通語(標準語)や口語文の基盤となっているのは東京語である。その東京語は江戸語を受け継いだものであるが、欧米語の翻訳による影響などもあって、江戸語とはかなり違った面をもっている。

代名詞

社会構造の変化とともに、代名詞の種類や用法にも変化が生じた。例えば、武士階級の消滅につれ、「拙者」「みども」「それがし」や「貴殿」「その方」などの武士言葉は使われなくなった。このなかでは、「拙者」がわりあい後まで使われた。

時に守山さんお聴きなさい。拙者が三十一文字を製造しました。(『当世書生気質』)

明治になって新しく使われるようになった代名詞の一つに、「僕」と「君」がある。「僕」は「しもべ」の意で、江戸時代には書簡などで、自分を卑下して言うのに用いられた。

僕四日之夜船を発候処、甚遅し、(吉田松陰書簡、嘉永六年〈一八五三〉六月六日)

明治になると、「僕」は話し言葉として書生が用いるようになった。「僕」と対応して、二人称の語として用いられるようになったのが「君」である。「君」と「僕」は、書生言葉の代表とでもいうべきものである。同じ書生言葉の一人称に、「我輩」がある。この語は、「僕」より少し遅れて使われだした。「僕」よりはいく

『(一讀三歎) 當世書生気質』(坪内逍遙，大正 15 年刊)

ぶん大人っぽい感じの語であり、また少し尊大な印象を与える語であった。[5]『当世書生気質』には、同じ相手に「僕」と言ったり「我輩」と言ったりする例（上の挿絵の場面）が見られる。

　僕は其脳髄の不健くなつた原因が聞たいのサ。
　君は強情に蔵して居るが、我輩は已に君の内実をしつて居るヨ。

「我輩」が使われだした頃は、今日われわれが感じるほど、「僕」との違いがなかったものと思われる。しかし、しだいに「我輩」のもつ尊大さが肥大化し、そのために明治後期になると、日常語の世界からしだいに姿を消すことになるのである。

　代名詞のなかには、翻訳を通して生まれたものもある。「彼女」がそれである。明治時代の初めは、男についても女についても、三人称には「彼」を用いた。

　彼がしばしば君の方を。振りかへって見ちよつたからサ。　（『当世書生気質』）

右の文で、「彼」は芸者の田の次を指しているのである。このように、はじめは女性にも「彼」を用いていたのである。そのうちに、男と女をはっきり区別するために、「か（あ）のおんな」という言い方が生まれ、「彼女」と書くようになった。男性については、以前からの「彼」を用いたが、市岡正一の『童蒙読本会話篇』（明治六年〈一八七三〉）には「彼男《あのおとこ》」という形も見られる。(6)「彼女」は、最初は「か（あ）のおんな」と読まれたが、当時の漢語流行の影響もあって、「女」を音読して「かのじょ」と読むようになっていった。「かのじょ」が一般化したのは、明治後期である。文学作品で、「彼女」を「かのじょ」と明らかに読めるのは、『当世書生気質』の次の箇所が、最も早い例かと思われる。

彼女《かのぢよ》は活発だ。などといつて。書生連によろこばるる小娘なり。

明治後期でも、木下尚江の『火の柱』（明治三十七年〈一九〇四〉）には、同じ場面の同一人物のことばに、

速《すみやか》に彼女《かれ》を濁流より救い出《いだ》して、

柔順なる彼女《かのぢよ》は之に抵抗することが出来なかつたことを疑はないと云ふのです。

というように「彼女《かれ》」と「彼女《かのぢよ》」が併用されている。

大正期の徳田秋声の『あらくれ』（大正四年〈一九一五〉）では、まだ「彼女」に「かのをんな」という振り仮名が付けられている。

彼女《かのをんな》は体が竦むほど厭な気持がした。

明治になって新しく使われだした代名詞には、他に「あたくし」や「あたしい」がある。「あたくし」「あたし」は、「わたくし」「わたし」が変化したものである。「あたし」がさらに変化したのが「あたい」である。「あたい」は、花柳界や東京の下町で使われた。下町では、男の子も女の子も「あたい」を使った。

門構への家でも見かけると、急に「あたいのうち……あたいのうち……」といひ出して

（堀辰雄『花を持てる女』昭和十七年〈一九四二〉）

「あたい」と言っているのは男の子で、この文は堀の自伝的小説の一部である。彼は明治三十七年（一九〇四）生まれであるから、明治の末から大正の初めにかけてが少年時代ということになる。この頃までは、男の子が「あたい」と言うのは普通だったことが分かる。江戸時代から用いていた「おいら」「お前さん」は、使われなくなっていく。

動詞

動詞の活用のしかたは江戸時代とほとんど変わらない。普通、江戸時代までの動詞について四段活用と呼んでいたものを、明治以後については五段活用という。これは、歴史的仮名遣いで「書かう」と表記していたものを現代仮名遣いで「書こう」と表記するようになったためで、「こ」という語尾が新たに加わることになり、五段活用と称するようになったものである。実質的な変化ではない。

動詞では、「蹴る」が完全に五段化したことが、江戸語との違いの一つである。江戸時代は、「蹴る」は五段にも下一段にも使われていた。明治以後は下一段としては使われなくなったが「蹴倒す」「蹴飛ばす」などの複合動詞のなかに化石的に残っている。複合動詞でも、「母を蹴り倒し」（川端康成『温泉宿』昭和四年〈一九二九〉）、「蹴り飛ばす」（佐藤春夫『田園の憂鬱』大正七年〈一九一八〉）というように、「蹴る」を五段に活用させた例も出てきている。

いわゆる可能動詞は室町頃が発生の時期と考えられるが、(7) 明治以後いっそう盛んに用いられるようになった。

昭和期に入ると、五段活用以外の動詞にも可能動詞化が及び、「見れる」「食べれる」「起きれる」といった言い方が一般化してきた。(8) こうした言い方は、方言としては明治期から使われていたようで、『静岡県方言辞典』（明治四十三年〈一九一〇〉）には、この地方で「見れる」という言い方がなされていることが報告されている。(9) 北海道、東北、中部、近畿以西など、かなり広い範囲でこの言い方が行なわれていたと思われる。

文学作品のなかで見られる早い例としては、大正期の葛西善蔵の小説を挙げることができる。

黙って随いて来れないのか！　（『兄と弟』大正七年〈一九一八〉）

これほど手入れをしたその花の一つも見れずに追ひ立てられて行く　（『子をつれて』大正六年〈一九一七〉）

川端康成の『雪国』（昭和十二年〈一九三七〉）にも「来れる」が五例見られる。例えば次のような表現である。

今日は来れないわよ、多分。

来れないでせう。

ただし、没後刊行された三五巻本の『川端康成全集』（昭和五十七年〈一九八二〉）では、これらの「来れる」はすべて「来られる」に改められている。

カ変の未然形としては「来（こ）よう」が普通使われるが、江戸語では「来（き）よう」という形も見られた。この言い方は明治になっても見られる。とくに夏目漱石の小説にはよく出てくる。漱石の作品では、ほとんど「きよう」で「こよう」はあまり見られない。

では持つて来《き》やうと云ふと、要らないと断るさうです。　（『こころ』大正三年〈一九一四〉）

サ変の未然形としては、「し（ない）」「せ（ず）」のほか、「せ（ない）」「し（ず）」も使われた。

市蔵は返事をしずに黙つて僕の顔を眺めてゐた。　（『彼岸過迄』明治四十五年〈一九一二〉）

はツとせないじや要られないわね。

（泉鏡花『化銀杏』明治二十九年〈一八九六〉）

とくに「しずに」の形は、大正期の作品にも見られる。

しかし杜子春は仙人の教通り、何とも返事をしずにゐました。

（芥川龍之介『杜子春』大正九年〈一九二〇〉）

江戸時代、上方で四段、江戸で上一段に活用していた「足る―足りる」「借る―借りる」「飽く―飽きる」「染む―染みる」は、しだいに上一段に収斂していった。このうち、今日でも用いる四段（五段）活用は「足る」ぐらいで、「とるに足らぬ問題」「尊敬するに足る人物」「足るを知る」というように文語的な慣用句で使われる。「借る」は、共通語からはいちばん早く消えていったが、稀に文学作品で見かけることもある。

裏門から中へ這入る鍵を借らうと、実は謀らんでるところなんです。

（横光利一『旅愁』昭和十二年〈一九三七〉）

存在を表わす「ある」は、明治以後「（人）がいる」「（物）がある」というように、「ある」と「いる」を使い分ける傾向が強まっている。昔話でも、以前は

昔、むかし、あるところに拳ほどのこぶのある爺さまが、二人ありました。

（『こぶとり爺さん・かちかち山』関敬吾編、岩波文庫、昭和三十一年〈一九五六〉）

のように「ありました」と言ったが、今では

むかし、あるところに、正直なじさとばさがいました。

（『はなさかじい』日本の昔話① 福音館書店、平成七年〈一九九五〉）

というように「いる」や「おる」を使う。「（人が）ある」の用法は、現在ではかなり制限されたものになっている。修飾句をともなわない単独の語では、「妻」「弟」「子ども」など家族関係を表わす語か、「客」について言う

くらいである。

これで客があるのやら

（『雪国』）

あなたは　兄弟が　ありますか。

（鈴木忍・川瀬生『日本語初歩』昭和五十六年〈一九八一〉）

動詞に「…てある」や「…ている」を付ける言い方は江戸時代からあったが、主体が非情の場合、他動詞には「…てある」が、自動詞には「…ている」が付くという用法が、明治時代以後、確立した。(10)

その部屋は、周囲をすべて緑色のペンキで塗ってある。（安岡章太郎『海辺の光景』昭和三十四年〈一九五九〉）

陽は既に西に傾きかけてゐる。（太宰治『走れメロス』昭和十五年〈一九四〇〉）

「一字漢語＋する」の、五段化と上一段化は江戸時代から見られるが、明治以後もその傾向は、強まっている。語によって変化の度合は異なり、「訳す」「略す」「熟す」などは完全に五段化しているが、「愛する」「辞する」「課する」などは、サ変と五段との間で揺れている。「感じる」「信じる」「甘んじる」「重んじる」などは、普通上一段動詞として使われるが、「察する」「達する」などはサ変動詞として使っている。ただ、明治期には時に上一段に使った例も見られる。

好い策を考へ出して目的を達しるより外ハないから（須藤南翠『新粧之佳人』明治十九年〈一八八六〉）

下一段と五段との間で揺れているものには「合わせる―合わす」「任せる―任す」「寝かせる―寝かす」などがある。

形容詞・形容動詞

形容詞の仮定条件は、「(近) ければ」の形が江戸語から引き継がれた。江戸語で使われていた「(近) くは

（くば）」の形は、用いられない。逆接の「…ど（も）」に接する場合も、「（近）けれど」「（恋し）けれども」という言い方は廃れてゆき、「（近）いけれど」「（恋し）いけれども」という形が受け継がれた。

奇人なら奇人のやうに、不覊独行をすればよけれど、中には奇人だといはれるのを、自分の名誉だと思つて居るのか。（『当世書生気質』）

ああ、そんなら可いけれど。（『金色夜叉』）

中止法に使われた「（近）し」という形は、「（近）いし」という言い方に変わった。そのなかで「なし」はわりあい後まで使われた。

貫一さんが悪いのでなし、阿父さん阿母さんが悪いのでなし、全く私一人が悪かつたばかりに（『金色夜叉』）

「すごい」という形容詞を副詞のように使って、「すごい面白かった」というように使うのは、誤用であるが、最近かなり増えてきている。(11) 同じように、形容詞を副詞のように使った例は、江戸時代にも見られる。(12)「えらい」がそれである。

形容動詞の終止形は「…だ」が普通になり、「…な」という形は消えていった。稀に「…な」も用いられるが、感情をこめて表現する場合である。

何をおつしやるンです。失敬な。（『不如帰』）

「…のに」を下接する場合は、江戸時代は「（静か）だのに」が優勢であったが、明治以後は「（静か）なのに」が優勢になる。

日本語では形容詞が質的にも量的にも不足しており、それを外来語で補おうという傾向が古くからある。以前は漢語を形容動詞として取り入れていたが、明治以後は多く欧米語から取り入れるようになり、「ハンサムな青年」「シックな装い」「モダンな建物」などというように形容動詞として使っている。

副詞

明治になって新しく使われだした副詞には漢語副詞が多い。漢語副詞のなかで目立つのは「―然」という軸字[13]を用いた副詞である。「空然」「整然」「断然」「平然」「呆然」などの新漢語のほか、近世から用いられたもので明治以降さかんに用いられるようになった「公然」「当然」「突然」などがある。「全然」もその一つである。「全然」は、江戸後期に中国語から借用されたものであるが、明治になって一般化した。はじめは、「全ての点で」「完全に」の意で肯定にも否定にも使われた[14]。

そこで三人が全然翻訳権を与次郎に委任することにした。（夏目漱石『三四郎』明治四十一年〈一九〇八〉）

もし全然無能でなくとも（『吾輩は猫である』）

昭和期に入ると、もっぱら否定表現と対応するようになるが、最近では「全然面白い」といった言い方が行なわれるようになっている。これは明治期の「全然」の用法とは異なるもので、俗語的用法である。

「とても」も、はじめは否定表現とだけ対応していたが、大正時代に肯定表現とも結びつくようになった。それについては、当時の知識人が何人か言及しているが、芥川龍之介も『澄江堂雑記』（大正七―十三年〈一九一八―二四〉）で、

「とても安い」とか「とても寒い」というとての東京の言葉になりだしたのは数年以前のことである。もちろん「とても」という言葉は東京にも全然なかったわけではない。が従来の用法は「とてもかなわない」

とか「とてもまとまらない」とかいうように必ず否定を伴ってゐる。

と述べている。

「より早くより丈夫な車」という、「より」は、翻訳の影響から生まれた副詞である。

助動詞

室町時代以後、全体的な傾向として助動詞は、一つの助動詞が一つの意味、用法だけを担うようになってきている。例えば、「う」「よう」は、江戸時代は推量と意志の両方を表わしていたが、明治以後は「う」「よう」は意志や勧誘をもっぱら表わすようになり、推量は「だろう」が受け持つようになる。[15]

此の雨でハ定めて困るだらふ。（末広鉄腸『雪中梅』明治十九年〈一八八六〉）

ただ、明治前期では、「だろう」が完全に推量表現を受け持つまでにはいたっていない。動詞の場合は、ほとんどが「だろう」を付けて推量表現とするが、形容詞や助動詞は「う」「よう」を付けて推量を表わす傾向のほうが強い。とくに「た」の場合は「～たろう」が明治以降も一貫して推量を表わすのに使われ、「～ただろう」という推量表現が一般化するのは、昭和後期からである。[16]

猶豫して置いたからツて。大して不人情といふ訳でもなからう。（『当世書生気質』）

「れる」「られる」は受身、可能、自発、尊敬を表わすが、可能は可能動詞で、尊敬は「いらっしゃる」「なさる」「お（食べ）になる」といった言い方で表わすことが多い。自発の場合は「偲ぶ」「思い出す」など特定の動詞に限られている。今日では「れる」「られる」の用例の多くは受身を表わしている。

受身では、いわゆる非情の受身が明治以後、盛んに使われるようになった。

台ランプが二台、狭苦しい座敷に点され、火鉢や座蒲団も整然と駢べられた。

（徳田秋声『新世帯』明治四十一年〈一九〇八〉）

こうした言い方は、江戸時代以前にまったくなかったわけではないが、例は多くはない。一般化したのは明治以後で、やはり翻訳の影響によるものと思われる。

受身のなかには、動作主体を言語化せず、「…と思われる」「…が行なわれる」「…が開かれる」というように表現する言い方があるが、客観的な印象を与えるので、演説や論文など公用的な場面で発達していった。[17]

断定の助動詞「だ」で注意されるのは、明治の書生言葉に「…ださ」という言い方があることである。[18]

そりゃ当り前ださ。

（『三四郎』）

今日では、断定の助動詞「だ」に終助詞「さ」は下接しない。それは、「だ」も「さ」も強い断定の響きをもっているからである。書生言葉で、「…ださ」が使われえたのは、「だ」も「さ」も今日ほど強い響きをもっていなかったためではなかろうか。「だ」は江戸語では終助詞的に用いられていたことが、[19]かかわっているのかもしれない。

また、形容動詞と同様「…だのに」から「…なのに」への推移が見られる。

打消にはもっぱら「ない」が使われるようになり、「ぬ（ん）」は「…ません」「知らぬ存ぜぬ」など特別な言い方のなかに残っているだけである。「…なんだ」も明治前期までは、かなり使われていた。

話にうかれて気がつかなんだが。お常さんはどうしたのか。

（『当世書生気質』）

明治後期以後は、「なかった」を用いるのが普通になる。「なかった」が定着する過程で、「…んかった」という形も使われた。

抑も親の附いてをらんかつたのが非常な不仕合で、（『金色夜叉』）

『口語法別記』（国語調査委員会、大正二年〈一九一三〉）では、この言い方は「用いぬがよい」としている。「…んければ」という言い方は、江戸では多く遊里で使われていたものと言われているが、明治期にも一般の人によって使われた。

まだ外にコムポジシヨン（作文）をかゝんけりやならん。（『当世書生気質』）

恥を言はんければ解らんけれど、（『金色夜叉』）

右の例にある「…んけりやならん」は当為表現といわれるもので、「…なければならない」「…ねばならぬ」などの形があるが、明治期になると、前半部は「なければ…」「なくては…」など「ない」系が優勢になる。[20] 一方、「ずば…」「ねば…」「にゃ…」などの「ず」系は後退した。「〜なければいけない」が一般化するのは、明治後期になってからである。

こんな装ひ方を知らないものは到底うまい肴は食へないと諦めなければいけない。（『吾輩は猫である』）

「まい」は現代語ではあまり用いられなくなり、話し言葉の世界からは消えつつある。これは前述のように近代語においては、助動詞が、一つの助動詞は一つの意味・用法を担うという方向に動いているためである。「まい」は「打消の推量」や「打消の意志」を表わすが、打消は打消だけを表わす助動詞が、推量や意志はそれだけを表わす助動詞が使われるようになる。したがって、「まい」の代わりに、「…ないだろう」や「…ないつもりだ」が使われる。「まい」が使われるのは、「まさかしやべるまい」とか「あろうことかあるまいことか」「死のうが死ぬまいが」などといった慣用的な表現がほとんどである。

「らしい」は、江戸語では体言に付くのが原則で、用言に付いた例は稀であるが、明治になると用言にも下接するようになる。

お勢母子の待ツてゐる事は全く忘れてゐるらしい　（『浮雲』）

用言に付くのが一般化するのは明治後期になってからである。大正期には、用法も増大し今日にはない用法の「らしい」の例も見られる。(21)

そして横腹に深々と手をやつて、さし込む痛みを耐へるらしい姿をしてゐた。

（有島武郎『或る女』大正八年〈一九一九〉）

今なら「ような」を使うところである。昭和期になると、現在の用法に収斂してゆく。

接尾語の「らしい」も、大正期くらいまでは今日と異なる使い方も見られた。例えば、形容動詞の語幹に「らしい」が付く用法は、江戸時代からのものであるが、しだいに「そうだ」がその用法を担うようになる。その過渡期には、同じ語幹に「らしい」と「そうだ」が付いたものも見られる。

横着らしい笑が目の底に潜んでゐて、

鋭い目の周囲に横着さうな微笑を湛へた新社主誉田男爵は、

（森鷗外『青年』明治四十三年〈一九一〇〉）

昭和期になると、もっぱら「そうだ」が使われるようになる。

「みたいだ」は、「…（を）見た様だ」から変化してできた語である。明治期はほとんど「みたようだ」が使われ、共存時代の大正期を過ぎ、昭和に入ると「みたいだ」が確立する。

「ぢやお前も早く兄さんみた様な学者を探して嫁に行ったら好からう」

二郎の様な向う見ずに云つて聞かせる事を、ついお貞さんみたいな優しい娘さんに云つちまつたんだ。

（『行人』）

はじめ体言に下接していた「みたいだ」も、昭和期になると用言や助動詞にも付くようになる。

その人ヒヨイト後をふり向いて、ウインクするみたいに可笑しな顔をこしらへて私達を睨んだの、

（石坂洋次郎『若い人』昭和八年〈一九三三〉）

その他、助動詞的な語句として、断定を表わす「…のだ」「…わけだ」「…はずだ」「…にすぎない」、推量を表わす「…かもしれない」、勧告を表わす「…ほうがいい」、禁止を表わす「…してはいけない」、依頼を表わす「…てくれ」など新しい言い方が出てきている。

助詞

格助詞では、連体節の主格に「の」も用いることは、それ以前と変わりない。

気の利かない奴ばかりだらう。

（『浮雲』）

ただ、少しずつ主格の「の」の用いられ方は減ってきている。「が」を連体格に用いることも、明治期までは残っていた。

筆屋が軒の掛提燈は苦もなくたゝき落されて

（樋口一葉『たけくらべ』明治二十八年〈一八九五〉）

心を籠めた細君が手料理の外に

（森鷗外『ヰタ・セクスアリス』明治四十二年〈一九〇九〉）

格助詞の「を」が自動詞とともに用いられるのは、「川を渡る」のように、自動詞が移動動詞である場合が普通であるが、それ以外にも「腹を立つ」「眼を眠る」などという言い方が近世から用いられていた。

屹度腹を立っていらつしやるんだヨ。

（『当世書生気質』）

豊は半分眼を眠ったまま お辞儀をしてふらふらと起って行った。

（志賀直哉『暗夜行路』大正十年〈一九二一〉）

こうした用法が明治以降、消えていったのは、「を」は他動詞と結びつくという規範意識が翻訳などの影響で強まったためかとも思われる。同様にして「眼をあく」「口をあく」なども、しだいに用いられなくなってきている。(22) たとえば『小公子』の同じ箇所の訳を見ると、若松賤子訳（明治二十四年〈一八九一〉、博文館）では「眼をあき、口を開《あ》いて」とあるのが、中村能三訳（昭和二十八年〈一九五三〉、新潮文庫）では「眼も口もまんまるくあけ」と他動詞の「あける」を用いている。

格助詞の「に」は、「へ」「で」「と」などの用法と重なることがある。たとえば、「人に会う」に対して「人と会う」ともいう。「人と会う」という言い方は明治期になって生まれた言い方であるが、こうした「に」と「と」の使い分けには、欧米語の翻訳がかなり影響しているものと思われる。たとえば「人に語る」は古くからある言い方だが、「人と語る」は近世になって漢文訓読から生まれた。すなわち、「語人」を「人に語る」と訓み、「与人語」を「人と語る」と訓み分けたのが、欧米語の翻訳で、with があるときは「と」を用い、そうでないときは「に」を用いるというように受け継がれ、補強されて確立したものと思われる。(23) 格助詞の用法にも翻訳の影響がうかがえる。

原因や理由を表わす接続助詞としては、江戸語では「から」が多く用いられたが、明治期になると「ので」も盛んに用いられるようになった。

帰ってお待申してゐますから、後に是非お出《いで》下さいよ。

「教場の普請を為るところがあるので、今日半日と明日明後日《あすあさって》と休課《やすみ》になったものですから」（『金色夜叉』）

「から」と「ので」の使い分けについては、いろいろの考え方が出されているが、一般には客観的な因果関係には「ので」を、主観的に二つの事柄を結びつけて考えるときには「から」を使うとされる。
副助詞の「か」と格助詞が結びつくとき、明治期には現在と順序の異なる例が見られる。

何処《どこ》のか店を借りて　（『たけくらべ』）

何処《いづれ》へか遊びに出懸けて　（『浮雲』）

これらは、今日では「どこかの」「いずれかへ」という形で用いられる。

終助詞は、明治期以降、男女で用いる語がはっきりと異なる傾向を表わす。[24]「ぜ」「ぞ」はもっぱら男性に用いられるようになる。「ぞ」は江戸時代とは異なり、「…ぞよ」というように他の終助詞と結びつくことはなくなり、「ぜ」と同様、単独で用いるようになる。女性の終助詞としては「わ」「の」「よ」が明治後期から一般化する。『吾輩は猫である』には、次のような例が見られる。

誓って死なないって威張るの

どうも驚ろいちまうわ

よくつてよ

江戸語から用いられていた、男性が用いる「て」という終助詞は、明治に入ると廃れてゆく。「かしら」は「…か知らぬ」から生まれた語であるが、昭和期に入ると、もっぱら女性が使うようになった。

「さうかしらん?」　（『金色夜叉』）

右の例は、貫一のことばである。「…かしらん」をへて、「…かしら」になったものである。

三　文字・表記

最も広く行なわれている表記形態は漢字平仮名交じり文である。昭和二十年までは、法律の文章や学術論文は漢字片仮名まじり文が普通だった。一つの試みとして仮名だけの文章やローマ字による表記もなされている。

漢　字

明治初期、漢字を使うべきか否かの議論が起こった。否定的な立場には、全廃論と制限論があった。漢字をまったく廃止する場合は、仮名を専用するかローマ字を専用するかのいずれかとなる。また、新しい文字を作ろうとする考えも出された。前島密（一八三五—一九一九）が、「漢字御廃止之議」を建白したのは、慶応二年（一八六六）である。

国家の大本は国民の教育にして其教育は士民を論せす国民に普からしめ之を普からしめんには成る可く簡易なる文字文章を用ひさる可らす……御国に於ても西洋諸国の如く音符字（仮名字）を用ひて教育を布かれ漢字は用ひられす終には日常公私の文に漢字の用を御廃止相成候様にと奉存候

このように、前島密は漢字の廃止を主張したが、漢語まで廃止しようというのではなく、日常化している漢語は仮名書きして用いればよいという考えであった。この建白書が一般に知られるようになったのは、雑誌『太陽』（明治三十三年五月号）に「国語調査の意見」と題して前島密が発表した文章のなかで言及したことからである。(25)

漢字の制限については、二千字か三千字で十分であるという考えを福沢諭吉（一八三五―一九〇一）が『文字之教』（明治六年〈一八七三〉）で述べた。また、『日本文体文字新論』（明治十九年〈一八八六〉）で矢野文雄（一八五〇―一九三一）が提唱した三千字漢字節減論は有名である。

国語教育では、明治三十三年（一九〇〇）の小学校令で漢字は一、二〇〇字に制限されたが、明治四十年（一九〇七）に小学校令が改正され、翌年この規定は削除された。義務教育が四年から六年に延長され、第二回の国定読本では、指導すべき漢字は一、三六〇字となった。この数は、その後の国定読本に受け継がれた。

大正十二年（一九二三）臨時国語調査委員会の発表した常用漢字は一、九六二字であった。昭和十七年（一九四二）には、国語審議会が二、五二八字の標準漢字を提示したが、文部省はこれをもとに二、六六九字を義務教育で習得すべき漢字とした。

昭和二十年（一九四五）八月以後、ことばに関する大きな改革がいくつかなされたが、漢字については、昭和二十一年（一九四六）十一月、当用漢字一、八五〇字が公布された。これは、日常生活において使用する漢字の範囲を示したものである。その後、補充すべき漢字について検討がなされ、昭和五十六年（一九八一）十月、内閣告示によって常用漢字一、九四五字が公布された。これは、現代の国語を書き表わす場合の漢字の使用について目安を示すもので、当用漢字にくらべゆるやかな制限となっている。

幕末明治期には、翻訳の影響から「鋲」「腺」「糎」などの国字が新しく作られた。

漢字の用い方は、明治期では、かなり自由で個人差があった。例えば『当世書生気質』には「一所（一緒）」「奇代（希代）」「工風（工夫）」「源因（原因）」「不思義（不思議）」「余義なく（余儀なく）」などが見られる。「一所」は、この表記のほうが本来だといわれているが、明治期の文学作品では広く使われている。夏目漱石の用字法もかなり奔放で、『坊っちゃん』（明治三十九年〈一九〇六〉）には「辛防強い」「食ひ心棒」「何でも蚊んでも」といった表記が見られる。

単なる表記の違いではなく、「政治」と「政事」のように使い分けがあるといわれているものもある。

仮名

仮名は、それぞれ異なった字体が自由に使われていたが、国語教育の面から統一が図られた。すなわち、明治三十三年（一九〇〇）の小学校施行規則において、一つの仮名に一つの字体だけを用いることが決まった。決められた字体以外の平仮名や片仮名は、それ以後変体仮名と呼ばれるようになった。こうした仮名の使い方は、一般社会においても採用され、新聞や雑誌でも変体仮名は使われなくなった。

このとき、字音仮名遣いも簡略化され、いわゆる棒引き仮名遣いが教科書に登場した。例えば、「サブロー（三郎）」「ウンドー（運動）」といった表記法である。しかし、明治四十一年（一九〇八）には、この規則は削除され、もとの字音仮名遣いに戻った。字音以外の仮名遣いは、明治の初めから歴史的仮名遣が行なわれてきたが、昭和二十一年（一九四六）十一月「現代かなづかい」が告示され、表音的な仮名遣いに改められた。この「現代かなづかい」は昭和六十一年（一九八六）七月一部改訂され、「現代仮名遣い」として告示された。

ローマ字

江戸時代には、ポルトガル語式やオランダ語式の綴り方が行なわれたが、幕末から明治時代にかけて、英語式の綴り方が使われるようになった。

最も早く普及したのが、ヘボン式の綴り方である。これは、羅馬字会が考案した綴り方で、それをヘボン（一八一五―一九一一）が『和英語林集成』第三版（明治十九年〈一八八六〉）で採用したことからヘボン式と呼ばれるようになったのである。後に改訂され、標準式と名づけられた。一方、田中館愛橘（一八五六―一九五二）は、五十音図をもとに、日本人に分かりやすい日本式を考案した。この二つの綴り方を折衷しようとして昭和十二年（一九三七）、内閣訓令で出されたのが訓令式である。

しかし、実際には標準式や日本式も行なわれ、綴り方は一つにはまとまらなかった。昭和二十二年（一九四七）新学制がしかれ、ローマ字の学習が始まった。はじめは、綴り方はどの方式でもよいとされたが、それでは教育上支障があるということになり、綴り方と分かち書きの基準を示した「ローマ字のつづり方」が昭和二十九年（一九五四）十二月告示された。義務教育の教科書は、この綴り方で統一されている。

補助記号

江戸時代までは、句読点は一種類だけ使うのが普通だった。「。」を読点にも句点にも使うとか、「、」だけを一つの文章で使うというのが一般であった。「。」と「、」とを使い分けるようになったのは明治以後で、欧米の表記法の影響を受けてからのことである。会話も「　」で示すようになった。『　』や「?」「〃」なども使われるようになった。

明治前期には、江戸時代以来の古い補助記号も残っており、補助記号の使い方が今日のようになるのは、明治後期になってからである。

四　文章・文体

明治以後の文章は、大きく分けると文語文と口語文になる。現在は口語文が中心になっているが、明治時代はまだ文語文が広く行なわれていた。

文語文

明治時代の文語文には、漢文・漢文訓読体・和漢混交文・和文・欧文直訳体・候文などの文体があったが、基本的には和漢混交文であるといえる。

明治初期、知識層では漢文がかなり使われていた。漢文で書かれた成島柳北の『柳橋新誌』（明治七年〈一八七四〉）は、書生の間で盛んに読まれたと永井荷風は記している。学術書では、西周の『利学』（明治十年〈一八七七〉）や中江篤介の『民約訳解』（明治十五年〈一八八二〉）などが漢文で書かれている。しかし、漢文はだんだん一般的ではなくなっていく。

漢文訓読体は漢字片仮名まじりで表記され、政府の公文書や学術書などで使われた。漢文訓読体を少し崩したのが、いわゆる「漢文くずし体」で、大《おお》新聞の文章や矢野龍溪の『経国美談』（明治十六年〈一八八三〉）などの政治小説、『花柳春話』（リットン、丹羽純一郎訳）（明治十一年〈一八七八〉）など翻訳小説で使われた。『繫思談』（リットン、藤田茂吉・尾崎庸夫訳、明治十八年〈一八八五〉）は欧文直訳体であるが、これも漢文訓読体の一種といえる。『繫思談』では、原作にできるだけ忠実に逐語訳をしたが、こうした文体を森田思軒は周密文体と呼んだ。一方、高札や布告には候文が使われた。

これらの種々の文語文がしだいに折衷され、一つの文体が生みだされた。「普通文」と呼ばれる文章である。普通文は明治後期における共通語的な文語文であるといえる。新聞や雑誌の文章も、学術的な論文も、『金色夜叉』や『不如帰』の地の文も、みな普通文である。(26)

口語文

言文一致運動によって口語文が確立されるのは、明治後期になってからである。その言文一致運動は、前島密の『漢字御廃止之議』によって幕があいた。

言と文を一致させるには、まず話し言葉を整備する必要がある。共通語的な話し言葉は、すでに江戸時代に形成されつつあり、(27)明治に入ってさらに進捗した。共通語的な話し言葉は、公的な場で形成されていった。演説もその一つである。福沢諭吉も演説の振興に力を尽くしたが、演説によって話し言葉の共通語化は大きくおし進められた。(28)演説は、民権運動とともに盛んになり、その速記録も刊行された。話されたことばが文字化されることによって、話し言葉を土台にした文章がどのようなものであるかが、かなり明確になったといえる。

速記は、田鎖綱紀によって日本に導入され、明治十五年（一八八二）第一回の講習会が開かれた。(29)若林玵蔵、林茂淳、酒井昇造などが第一回の修了生である。三遊亭円朝の『怪談牡丹灯籠』を速記したのは、若林玵蔵と酒井昇造である。円朝の人情噺の速記録も、言文一致運動の進展に寄与することが大であった。二葉亭四迷が言文一致体で『浮雲』を書くとき、どのように表現したらよいか悩んで坪内逍遙に相談すると、円朝の語り口を参照すればよいと言われたという話は有名である。(30)四迷に続いて山田美妙も、同じ年に言文一致体の小説を発表した。

『風琴調一節』『武蔵野』である。文学作品における言文一致運動は、明治二十年代の中頃、一時衰退するが、その後は順調に進展していく。

言文一致体の文章で、作者が一番苦労したのは、文末表現である。また、その点に作家の特徴も表われるところから、二葉亭四迷の「だ調」、山田美妙の「です調」、嵯峨の屋おむろの「であります調」、尾崎紅葉の「である調」などと言われた。

文学作品と並んで言文一致体の完成にあずかって力があったのは、教科書の文章である。幕末・明治初期の洋学書や会話書のなかの談話体の影響を受けて、明治初年の小学校教科書には、「デアル」「デゴザリ（イ）マス」「デアリマス」「ダ」などの文末表現をもった文が見られる。ところが、明治十二年（一八七九）の自由教育令、翌年の改正教育令で教育制度が改革されるにともなって、談話体の文章はほとんどの教科書から姿を消してしまう。

談話体の文が、教科書に再び見られるようになるのは、明治十九年（一八八六）のいわゆる学校令の頃からである。新保磐次『日本読本初歩』、西邨貞『幼学読本』、文部省編『尋常小学読本』などが、その頃出された。『幼学読本』には、他の教科書に多い「デアリマス」は一例しかなく、「デス」が使われていること、「ダ」で終止する例がかなり見られること、また、談話体の文が対話としてでなく、叙述や説明のために使われていることなどから、談話体から口語体へ一歩近づいたと見ることができる。(31)

教科書はやがて国定教科書となり、明治三十七年（一八九四）四月から第一回の国定教科書が用いられた。編集の中心となったのは、吉岡郷甫であった。その編纂趣意書には、(32)

文章ハ口語ヲ多クシ、用語ハ東京ノ中流社会ニ行ハルルモノヲ取リ、カクテ国語ノ標準ヲ知ラシメ、其統一ヲ図ルヲ務ムルト共ニ……

とある。標準語による口語文の確立をめざしているのがわかる。ちなみに、父母の呼び方を「オトウサン」「オカアサン」としたのも、この読本である。この呼び方は以後、全国に広まった。

芳賀矢一を中心とした第二回国定読本は明治四十三年（一九一〇）に実施されたが、そこでは待遇表現が整備され、記述的な口語文の確立がめざされた。文学作品における言文一致体の確立と同じ頃、教育界でも口語体の確立がなされたといえる。大正時代には、白樺派や新現実派の作家によって、口語文は洗練され、完成される。大正十一年（一九二二）には、最後まで社説に文語文を用いていた東京朝日新聞も、言文一致体で社説を書くようになり、以後、日常生活では口語文が普通になった。

昭和二十一年（一九四六）以後は、それまで文語文で書かれていた法令や公用文も、口語文で表現されるようになった。

五　敬　語

明治になって、政治や社会のしくみが大きく変わったことにともない、待遇表現に変化が生じた。細かに厳密に作り上げられた江戸時代の体系は失われ、身分や職業に規定された固定的な表現ではなく、場面に応じて変わる柔軟な表現に移行していった。昭和二十年以降は、敬語は平易化し、敬語に無関心な者も増え、誤った使い方をする者が多くなってきている。

代名詞

「語法」の節でも述べたように、新しく書生のことばとして、一人称の「僕」が登場した。もともと書生同士で使ったことばであるから、目上の人に対して用いるのは失礼とされた。

「そ、そ、その僕が面白うない。君僕といふのは同輩或は同輩以下に対うて言ふ言葉で尊長者に対うて言ふべき言葉ではない。そんな事も注意して、僕といはず私というて貰はんとな……」

（二葉亭四迷『平凡』明治四十年〈一九〇七〉）

こうした意識は今日でも残っている。昭和二十七年（一九五二）に国語審議会が文部大臣に建議した「これからの敬語」にも、

「ぼく」は男子学生の用語であるが、社会人ともなれば、あらためて「わたし」を使うように、教育上、注意すること。

とある。

後期江戸語において、「あなた」と肩を並べていた「お前さん」の待遇価値は下落し、「お前」に近くなる。さらに、明治後期になると、しだいに特殊な階層、地域、場面に限定して用いられるようになり、東京語から姿を消していく。(33) 江戸時代後期には、まだ軽い敬意を表わすこともあった「お前」も、価値が下落し、対等のものか目下に対して使うようになる。

「あなた」も、江戸時代には「あそばします」「なさいます」といった文末表現と対応していたのが、待遇表現の価値が下落し、「ます」「です」や「だ」などとも対応するようになる。ただ、明治時代は今日ほどは価値は下

落していず、親や目上の人に対しても使うことができた。

「ホホホホあなた御敷なさいよ」

「阿父《おとつさん》も敷くから御前も敷いて御覧」（夏目漱石『虞美人草』明治四十年〈一九〇七〉）

現在では、親や既知の目上の人に対しては「あなた」は使うことはできない。「お父さん」とか「先生」「課長」というように、親族呼称や職業・地位を表わす語で呼びかけるのが普通である。(34)

尊敬表現

江戸語では、尊敬表現として「お…なさる」が使われたが、末期に「お…になる」が生まれ、明治になると「お…になる」が一般化していく。明治後期になると、「お…なさる」よりも「お…になる」のほうが優勢になる。(35)この時期の作品には、両方の言い方が見られる。

「お待ちなさつて入らつしやいますから、どうぞこちらへ」

「あの、新聞を御覧になりますなら、持つて参りませう」（『青年』）

新しく生まれた言い方として「お…です」という形式がある。これはすでにあった「お…だ」と「お…でございます」の中間の言い方として使われだしたもので、明治後期から一般化する。

時にお急ぎですか。（『不如帰』）

「れる」「られる」を尊敬に使う例は江戸語にはあまり見られない。明治になっても一般の人びとの談話ではあまり用いなかった。江戸時代からずっと書き言葉の世界で用いられることが多かったのである。この言い方は、言文一致運動を通して口語文のなかに取り入れられ、いわゆる標準語の敬語表現の一つとして位置づけられるよ

うになる。その結果、昭和十年代にこうした敬語表現が増えてくる。(36)

動詞に「れる、られる」をつけるかういふ敬語のつかひ方が、このごろ特に目だつやうな気がする。

（佐久間鼎「語法体制における敬語法の地位」『コトバ』昭和十五年八月号）

「れる」「られる」を敬語に用いるという考え方は、その後も受け継がれ、「これからの敬語」（昭和二十五年七月）でも、

「れる」「られる」の型は、受け身の言い方とまぎらわしい欠点はあるが、すべての動詞に規則的につき、かつ簡単でもあるので、むしろ将来性があると認められる。

とされた。

謙譲表現

江戸語では「お…申す」が中心であったが、明治に入ると、江戸末期に生まれた「お…いたす」が増えていく。

直接にお目にかゝつて、おはなしいたしたうございますから……

（『当世書生気質』）

今日では、「ます」を付けて「お〜いたします」という形で使われる。

「お…いたす」より少し遅れて成立したのが「お…する」である。これも明治になると増えていく。

お邸までお供して往き、

（三遊亭円朝『塩原多助一代記』明治十八年〈一八八五〉）

「お…申します」「お…いたします」「お…ます」では、古いものほど待遇価値は高くなる。「お…する」は、今日では普通に使われるが、昭和前期までは規範的な立場からこの言い方を認めず、とくに女性は使うべきでないとする人もいた。敬語の誤用の例に、「お…する」に関するものが多いのは、この言い方が新しいためとも考え

られる。

「お…くださる」「…てくださる」という言い方は古くからあったが、「…ていただく」と言い方は、江戸語にあまり例がない。明治以後、一般化したものである。[37]

唯貴嬢《あなた》の口から僅《たッた》一言「断念めろ」と云ツて戴きたい（『浮雲』）

「お…いただく」も明治になって新しく生まれた言い方である。

御出立の時は、私の相変らずから御気をそこね御ゆるし戴き升。（志賀直哉『痴情』大正十五年〈一九二六〉）

「あげる」「…てあげる」は本来、謙譲表現であるが、最近では「子どもに本を買ってあげる」「犬に餌をあげる」といった言い方が、とくに女性の間で行なわれ、問題となっている。これは、女性の言葉から「やる」という言い方が消えたために起こったことである。

丁寧表現

江戸と明治とで丁寧表現は大きく変わった。大まかにいえば、江戸は「ます」中心の時代、明治以降は「です」中心の時代といえる。

「です」は幕末には、主に水商売の人の間で使われた。『安愚楽鍋』でも、「です」を使っているのは、野幇間・娼妓・茶店女だけである。それが、明治の中頃には一般の人も使うようになったのである。『浮雲』の登場人物もみな使っている。そのように「です」が普通に使われるようになったことについては、江戸後期からしだいにじわじわと一般化していったと見る説[38]と、地方出身の政府高官などが、芸者などのことばをまねて家庭に持

ち込んだためと見る見方とがある。(39)

「です」の活用形は江戸時代は「です」「でしょう」「でした」があるだけだったが、明治に入ると「でして」「でしたろう」なども現われてきた。

イ、エ未《まだ》お娘子《むすめご》の様でして（中略）五十許《ばか》りの人が御一緒にお出でゞすハ（『雪中梅』）

大方反対党の悪業でしたろうと思ハれます（『新粧之佳人』）

「でしたろう」は、明治後期までは標準的な言い方とされていたが、後には「だったでしょう」に交替した。それまでの「敬語＋非敬語」の連接が、明治以後は「非敬語＋敬語」という結びつきになったためである。

「…でしたら」は明治末期から使われだしたが、この言い方が一般化するのはかなり後のことである。

でも、あなたがそんなに思つてらつしやるのでしたら、あたし、何を云つたつて駄目かもしれないわ。（『旅愁』）

「でしょう」も明治後期に一般化する。「だろう」の丁寧な言い方として、推量を表わすが、女性は推量表現にもっぱら「でしょう」を使うようになる。(40)

「ちつとも。こんなところ初めてなんでせう」（野上弥生子『真知子』昭和三年〈一九二八〉）

「です」は、体言に下接するのが本来であり、動詞には「の」を介して付く。ただ明治期の書生言葉として、動詞に直接付く場合があった。(41)

家が出来てから寛緩《ゆつくり》遊びに来るです（『金色夜叉』）

「形容詞＋です」は、明治後期から多く見られるようになるが、昭和前期でも標準的な言い方とは認められなかった。しかし、「これからの敬語」では、これまで久しく問題となっていた形容詞の結び方——たとえば「大きいです」「小さいです」などは平明・簡素な形として認めてよい。

としている。これで「形容詞＋です」も社会的に承認されたわけである。

「ます」については、「まする」「ますれば」などの形が消えていった。「ますだろう」は、江戸末期から明治初年にかけて盛んに使われたが、「敬語＋非敬語」であるところから、漸次「動詞＋でしょう」に移っていった。[42]そして、この形は推量を表わし、「動詞＋ましょう」で意志・勧誘を表わすというように役割の分担がなされた。

目的を達してさぞ満足してをるでせう。

さあ、行つて見ませう。

（『金色夜叉』）

六　語　彙

明治期以降、語彙体系は、江戸時代までとは大きく異なってくる。まず翻訳を通しての漢語の増大がある。また、外来語がどんどん流入してきたのも変化の一つである。階級・身分・職業などによることばの違いも消失していった。

漢　語

欧米の文物を摂取し翻訳する際に、従来の日本語では表現できない場合、漢語が造出されたり中国語から借用されたりした。その結果、膨大な新漢語が生みだされた。

明治二十二年（一八八九）から二十四年（一八九一）にかけて刊行された『言海』（大槻文彦編）では、見出し語のうち、和語が五五・八％、漢語が三四・七％であるのに対し、昭和三十一年に刊行された雑誌九〇種についての調査[44]によれば、異なり語数では和語が三六・七％、漢語が四七・五％となり、両者の順位が逆転している。明治時代以後、日本語の語彙体系は大きく変わったということができる。もちろん、延べ語数では和語が五三・九％で、漢語の四一・三％を上回っている。日本語における和語の重要性が減じたわけではない。

新漢語のなかには、日本人の造った「哲学」「概念」「化学」「広告」「国語」「郵便」「人格」「必要」などのほか、中国語から借用した「内閣」「国会」「伝染」「理論」などもある。盛んに漢語が造出される一方、漢語の流行が見られ、一般の人びとも「愉快」「脱走」「因循姑息」などの漢語を使って得意になっていた。『漢語図解』（明治三年〈一八七〇〉序）は、そうした人びとのための絵入りの説明書である。

新しく造られたり、使われたりするようになった漢語には今日では使われなくなっているものもあるが、今でも使うものの、意味・用法の異なるものもある。例えば、「新聞」(news) と「新聞紙」(newspaper) は今日の意味とは異なり、区別して使われていた。

よこはまの活版局から毎日しんぶんをさいそくにくるし（『安愚楽鍋』）

ねころんで新聞紙を読みながら（『当世書生気質』）

「注射」は、「目ハ書物の上に注げども文字の上には注射せず」（『新粧之佳人』）のように、「注ぐ」の意でも使われた。

活用も今日と異なるものがある。「婦人の地位を高めやうといふ事に熱心して」（『新粧之佳人』）、「主人そぞろに感慨するところあり」（坪内逍遙『妹と背かがみ』明治十八年〈一八八五〉）のように、「熱心」「感慨」がサ変動詞として使われていたり、「私の過去が私を圧迫する結果こんな矛盾な人間に私を変化させるのかも知れません」（漱石『こころ』）のように「矛盾」が形容動詞として使われていたりする。

二字漢語のなかには、明治時代と今日とで漢字の順序が逆になっているものもある。例えば、新漢語の「簡単」は「単簡」という形でも用いられた。漱石の作品について見ると、「簡単」と「単簡」はほぼ三対一の割合になっている。『吾輩は猫である』から『門』までの、明治期に発表された作品では、会話ではほとんど「単簡」が用いられているのに対し、大正期の『彼岸過迄』から後の作品では、「単簡」は地の文でしか使われていない。そして「単簡」は姿を消していく。字順の違う二字漢語は他にも多く、『経国美談』には「争抗」「密秘」「滅絶」「練老」などが見られる。

明治期に三字漢語であったものが、二字漢語として使われるようになったものもある。「石炭油」は「石油」に、「電気灯」は「電灯」に、「活字版」は「活版」に、「西洋服」は「洋服」になった。「煉化石」は「煉瓦石」をへて「煉瓦」となる。

字音も、明治期と現代では異なるものが多い[45]。

呉音→漢音

男女（なんにょ→だんじょ）　中食（ちゅうじき→ちゅうしょく）　死生（ししょう→しせい）　差別（しゃべつ→さべつ）　書籍（しょじゃく→しょせき）

漢音→呉音

音信（いんしん→おんしん）　旅客（りょかく→りょきゃく）　組織（そしょく→そしき）

全体的な動きとしては、呉音から漢音へと変化している。

昭和二十一年以後、当用漢字の制定にともなって、従来使っていた漢字が使えないために、語形を変えたものもある。「嫌疑→容疑」「臓物→盗品」「溺死→水死」「瀆職→汚職」などである。「輿論」の代わりとしては「世論」が考られたが、「よろん」という読み方を期待していたのに、「せろん」という読み方のほうが多くなっている

外来語

明治初期、多くの外来語が、とくに英語からの外来語が増大した。現在の外来語の氾濫によく似ている。『当世書生気質』では、書生の会話に「ウヲッチ」「ヒストリー」「テンミニツ」（十分）「フハザア」（父）などの外来語がやたらに出てくる。牛肉店の女中までが「リイベン（恋着）したツて無効《むだ》ですものを」と言ったりしている。

同じ原語が、違った形で日本語のなかに取り入れられる場合もある。「リーダー」（三宅花圃『藪の鶯』明治十八年〈一八八五〉）と「リードル」（『吾輩は猫である』）、「キャベツ」（須藤南翠『緑簑談』明治十九年〈一八八六〉）と「キャベージ」（徳富蘆花『おもひ出の記』明治三十三年〈一九〇〇〉）などである。また、一つの作品のなかに「ハンカチーフ」「ハンケチーフ」「ハンケチ」など、三つの形が出てくる場合（『緑簑談』）もある。[46]

明治の初めには、横浜言葉といわれる言い方があった。外国語を日本語に引きつけて捉えたものである。『当世書生気質』や『新粧之佳人』など、多くの作品に出てくる「カメ」は、「洋犬」の意であるが、この語は外国人が犬に向かって“Come here!”と呼びかけたのを、日本人が「カメ」と聞き取ったことから生まれた語である。“counsul”（領事）を「紺四郎」（『安愚楽鍋』）と受けとめるのも同類である。

明治になって英語がたくさん入ってきたために、それまで使われていた外来語が、英語の原籍の語にとって代わられるということも起こってきた。ポルトガル語由来の「バッテイラ」は「ボート」に代わった。今日では、「バッテラ」は寿司の名として残っている。オランダ語の「ドンタク」は「サンデー」になる。「ドンタク」は、「博多どんたく」や「半ドン」にその名残りを留めている。ポルトガル語由来の「ビードロ」はオランダ語から来た「ギヤマン」に代わり、さらにドイツ語あるいは英語に由来する「ガラス」へと移行する。

七 方言

江戸時代後期には、江戸語の地位が向上し、規範的な語とされていた上方語と肩を並べるようになった。明治になって東京が首都となり、政治や文化の中心となるにつれ、江戸語を受け継いだ東京語が中央語としての地位を占めることになった。幕藩体制のもとでは、方言は「国の手形」とされてきたが、明治になると近代的な国家にふさわしい統一的なことばが求められ、方言をなくし標準的なことばを形成する方向に進んだ。

標準語と国語教育

何をもって標準的なことばとするかについて模索された結果、東京語を基盤とすべきだとする方向にまとまっていった。東京語を醇化して標準的なことばとし、国語教育を通してそれを全国に普及しようとしたのである。東京語を標準的なことばとして捉えたうえで編纂された教科書は、西邨貞の『幼学読本』(明治二十年〈一八八七〉)が最初である。西邨は「其ノ会話体ハ専ラ東京士君子ノ間ニ行ハルル語音ヲ以テ標準ト為セリ」と述べている。最初の国定教科書『尋常小学読本』（明治三十七年〈一九〇四〉）の編纂趣意書にも「用語ハ主トシテ東京ノ中流社会ニ行ハルルモノヲ取リ、カクテ国語ノ標準ヲ知ラシメ、其統一ヲ図ルヲ務ムル」ことを目的とすることが明記されている。この教科書は、国語学者の吉岡郷甫が中心になって編纂されたものであるが、巻頭が右側に絵を添えた「イ」（椅子）「エ」（枝）「ス」（すずめ）「シ」（石）という片仮名で始まるのでイエスシ読本と言われたが、これは方言の矯正をめざしたものである。

このようにして、標準的な日本語とは、東京の山の手の中流階級の話すことばとされ、そのことばを国語教育を通して普及し、方言をなくし、日本語の統一を図ろうとしたのである。標準語教育と方言撲滅運動とが表裏一体となっておし進められた。

共通語

昭和二十年以後は、方言をなくすのではなく、方言の存在を認めながら統一的な日本語の教育を行なおうという方向に変わってきた。そして、標準語という呼び方をやめ、共通語という言い方をするようになった。

標準語といえるのは、日本語が磨きぬかれ、醇正のものになったときであり、現在のようにことばが揺れており正書法も確立していないのに、標準語という言い方はできないという考え方も、その根底にある。規範的で必ずそれに従わなければならないという標準的な言語はまだ確立していないと考えるのである。例えば、「ゆく」と「いく」、あるいは「むずかしい」と「むつかしい」とが共存していたり、「遵守」と書いても「順守」と書いてもよいという状態では、標準語が確立しているとはいえないと見るのである。

それぞれの地域の人びとは、日常的な場では方言を話し、改まった席では共通語を話す。ただその共通語は、必ずしも東京語を土台とした「全国共通語」と完全に一致するものではなく、地域社会に共通する「地域共通語」であってよいとするのである。[47]「今晩は」は全国共通語であるが、「お晩です」は北関東の地域共通語である。「商社で働いてみえる」は名古屋の地域共通語であり、全国共通語で言えば「商社で働いていらっしゃる」となる。標準語がいわば厳しい規範であるとすれば、共通語は緩い規範ともいえる。

「共通語」という呼び方が定着した背景には、その地方独特の特徴的な方言が消えつつあるということがある。昔ながらの方言を話す人がしだいに少なくなり、方言色が薄れてきている。テレビの普及が、その傾向を促進した。また、従来の方言が消える一方で、新しい方言が生まれてもいる。こうした社会情勢を背景に「共通語」という言い方が一般化したのだと思われる。

しかし、一方で「標準語」ということばを使うべきだとする人びともいる。

方言研究の流れ

国語を統一し標準的なことばを確立するには国語についての調査研究が必要となる。そこで、明治三十五年（一九〇二）文部省に国語調査委員会が設立され、「方言ヲ調査シテ標準語ヲ選定スルコト」が方針の一つとされた。そして全国各地の音韻と語法について調査をした。現地調査でなく、通信調査であった。

その結果は『音韻調査報告書』『音韻分布図』（明治三十八年〈一九〇五〉）、『口語法調査報告書』『口語法分布図』（明治三十九年〈一九〇六〉）として報告された。

昭和後期には、国立国語研究所によって全国的な方言調査がなされた。現地調査によるもので、その成果は『日本言語地図』（一九六六—七四）『方言文法全国地図』（一九八一—九一）として発表された。

注

第一章　奈良時代

（1）橋本進吉「国語仮名遣研究史上の一発見―石塚龍麿の仮名遣奥山路について」（『帝国文学』一九一七年〈大六〉十一月）。

（2）松本克己『古代日本語母音論―上代特殊仮名遣の再解釈』（ひつじ書房、一九九五年）。

（3）橋本進吉『上代語の研究』（岩波書店、一九五一年）。

（4）細江逸記『動詞時制の研究』（泰文堂、一九三二年〈昭七〉）。

（5）宮島達夫『古典対照語い表』（笠間書院、一九七一年）。

第二章　平安時代

（1）築島裕『平安時代語新論』（東京大学出版会、一九六九年）では、次のように読むとある。

カスナラヌミヲウチカハノアシロニハオホクノヒヲ、ワツラハスカナ
サシカハスエタシヒトツニナリハテハヒサシキカケトタノムハカリソ
キノフコソフチヲ□□テ□□レシカケフハ□□ケニカケノミエツル

（2）細江逸記『動詞時制の研究』（前掲）には『竹取物語』の

①今は昔竹取の翁といふものありけり。野山にまじりて、竹を取りつゝ、万の事につかひけり。名をば讃岐造麿となむいひける。その中に、本光る竹一すぢありけり。

②或時は風につけて知らぬ国に吹き寄せられて、鬼のやうなるもの出で来て殺さんとしき。ある時は、来し方行末も知らず、海にまぎれんとしき。或時は糧尽きて、草の根を食物としき。ある時にはいはん方なくむくつけなるもの来て、食ひかゝらんとしき。

③かしこき玉の枝を作らせ給ひて、官も賜はむと仰せ給ひき。これをこの比案ずるに、御使とおはしますべき赫映姫の要じ給ふべきなりけりと承りて

の例を引き、「き」を目睹回想、「けり」を伝承回想としている。この解釈を考えるヒントを、大正六年（一九一七）九月に師岡倉由三郎の話に得たとある。

（3）築島裕『平安時代の漢文訓読語につきての研究』（東京大学出版会、一九六三年）。

（4）注3前掲書。

第四章　江戸時代前期

（1）川上蓁「アプからオーまで」（「國學院雑誌」一九八〇年七月。豊島正之「『開合』に就て」（「国語学」一三六、一九八四年三月）。

（2）上野洋三「新出『奥の細道』翻刻補注」（「文学」八巻一号、一九九七年冬）。

（3）有坂秀世「江戸時代中頃に於けるハの頭音について」（『国語音韻史の研究』明世堂、一九四四年。増補版、三省堂、一九五七年）。

（4）坂梨隆三「近世のカとクワ――擬声語の場合」（『山口明穂教授還暦記念 国語学論集』明治書院、一九九六年）。

（5）奥村三雄『平曲譜本の研究』（桜楓社、一九八一年）。金田一春彦『国語アクセントの史的研究 原理と方法』（塙書房、一九七四年）。坂本清恵「近世浄瑠璃譜本に反映した十七世紀末大阪アクセント」（「国語学」一三五、一九八三年十二月）。

（6）小倉進平「ライマンの連濁論」上下（「國學院雑誌」十六―七・八、一九一〇年〈明治四十三〉七・八月）。金田一春彦「連濁の解」（SOPHIA LINGUISTICA II）。屋名池誠「〈ライマン氏の連濁論〉原論文とその著者について」（「百舌鳥国文」一一号、一九九一年）。

（7）福島邦道『キリシタン資料と国語研究』（笠間書院、一九七三年）。

（8）坂梨隆三「浄瑠璃本の半濁音表記」（「人文科学紀要」七四、東京大学教養学部人文科学科、一九八二年）。

（9）沼本克明「半濁音史上における唐音資料の位置」（「国語学」一六二、一九九〇年二月）。

（10）松村明「新井白石と外国語・外来語の表記」（『国語学と国語史』明治書院、一九七七年）。

(11) 坂梨隆三「近松世話物における二段活用と一段活用」(「国語と国文学」一九七〇年十月)。
(12) 吉川泰雄「『善くば』『為ずば』などの濁音形ついて」(『近代語誌』角川書店、一九七七年)。
(13) 阪倉篤義「条件表現の変遷」(「国語学」三三、一九五八年六月)。小林賢次『日本語条件表現史の研究』(ひつじ書房、一九九六年)。
(14) 岡崎正継『国語助詞論攷』(おうふう、一九九六年)。
(15) 橋本四郎「サ行四段活用動詞のイ音便に関する一考察」(『橋本四郎論文集 国語学編』角川書店、一九八六年)。
(16) 坂梨隆三「近世におけるサ行四段活用のイ音便」(「人文科学科紀要」九一、一九九〇年)。
(17) 湯沢幸吉郎『徳川時代言語の研究』(刀江書院、一九三六年。風間書房、一九六二年)。真下三郎『遊里語の研究』(東京堂、一九六九年)。岸田武夫「近世語シャル・サシャルの系譜」(「言語と文芸」一九六二年)。
(18) 坂梨隆三「ラ行下二段活用の四段化」(「国語と国文学」一九七五年一月)。
(19) 山崎久之『国語待遇表現体系の研究』(武蔵野書院、一九六三年)。

第五章　江戸時代後期

(1) 浜田啓介「板行の仮名字体――その収斂的傾向について」(「国語学」一一八、一九七九年九月)。
(2) 山田俊雄「近代・現代の文字」(『講座国語史』2〈音韻史・文学史〉、大修館、一九七二年)。
(3) 『邦訳日葡辞書』(岩波書店、一九八〇年)。
(4) 中村通夫『「なんだ」と「なかった」』(『東京語の性格』川田書房、一九四八年)。
(5) 坂梨隆三「いけねえ・いかねえ・いかれねえ」(『築島裕博士古稀記念 国語学論集』汲古書院、一九九五年)。
(6) 原口裕「『ノデ』の定着」(『論集日本語研究』一四〈近世語〉、有精堂、一九八五年)。
(7) 原口裕「連体形準体法の実態」(『春日和男教授退官記念 語文論叢』桜楓社、一九七八年)。
(8) 池上秋彦『国語史から見た近代語』(東宛社、一九九六年)。
(9) 小松寿雄「江戸東京語のアナタとオマエサン」(「国語と国文学」一九九六年十月)。
(10) 山崎久之『国語待遇表現体系の研究』(武蔵野書院、一九六三年)。

（11）中村通夫「『です』の語史について」（注4前掲書）。
（12）山本正秀「デアルの沿革」（『橋本博士還暦記念 国語学論集』一九四四年）、『近代文体発生の史的研究』（岩波書店、一九六五年）。中村通夫「『である』小考」（『中央大学文学部紀要』文学科一三、一九六三年）、同「である再考」（同二二、一九六七年）。山崎久之『国語待遇表現体系の研究』（注10前掲）。杉本つとむ「『近代文体発生の史的研究』書評」（『国文学解釈と鑑賞』一九六五年十一月）。古田東朔「幕末・明治初期の翻訳文等における『X＋ある』」（『国語と国文学』一九六七年四月）。

第六章　明治時代以降

（1）斎藤秀一編『東京方言集』（国書刊行会、一九七六年）。田中章夫『東京語―その成立と展開』（明治書院、一九八三年）。秋永一枝『東京弁は生きていた』（ひつじ書房、一九九五年）。
（2）国立国語研究所「東京方言および各地方言の調査研究」（年報1、一九五一年）。
（3）古田東朔『東朔夜話』（鶴見大学日本文学会、一九九六年）。
（4）飛田良文『東京語成立史の研究』（東京堂出版、一九九二年）。
（5）小松寿雄「『一読三歎当世書生気質』の江戸時代特色」（『埼玉大学紀要〈教養学部〉』第九巻、一九七三年）。鈴木英夫「『当世書生気質』に見られる人の呼び方」（『共立女子大学短期大学（文科）紀要』第十六号、一九七四年）。
（6）広田栄太郎『近代訳語考』（東京堂出版、一九六九年）。
（7）坂梨隆三「いわゆる可能動詞の成立について」（『国語と国文学』一九六九年十一月）。
（8）鈴木英夫「『ら』ぬけことば」（『国文学解釈と鑑賞』一九九四年七月）。
（9）中村通夫『来れる』『見れる』『食べれる』などという言い方についての覚え書」（『金田一京助博士古稀記念 言語民俗論叢』一九五三年）。
（10）野村雅昭「近代語における既然態の表現について」（『佐伯梅友博士古稀記念 国語学論集』一九六九年）。
（11）鈴木英夫「言葉の誤用―誤表現と誤解」（『国文法講座』第六巻〈明治時代〉、一九八七年）。
（12）増井典夫「形容詞終止形の副詞的用法」（『国語学研究』二七、一九八七年）。

(13) 鈴木英夫「幕末明治期における新漢語の造語法」(「国語と国文学」一九七八年五月)。
(14) 鈴木英夫「新漢語の受け入れについて―『全然』を例として」(『松村明先生喜寿記念 国語研究』、一九九三年)。
(15) 中村通夫『東京語の性格』(川田書房、一九四八年)。
(16) 鈴木英夫「明治期以降の推量表現の推移―『でしょう』を中心に」(『築島裕博士古稀記念 国語学論集』汲古書院、一九九五年)。
(17) 土屋信一「東京語の成立過程における受身の表現について」(「国語学」五一集、一九六二年十二月)。
(18) 鈴木英夫「明治東京語の過渡的性格―「～だサ」という言い方をめぐって」(「国語と国文学」一九七七年九月)。
(19) 土屋信一「江戸流の『だ』の一用法」(注10前掲書)。
(20) 田中章夫「近代東京語の当為表現」(注10前掲書)。
(21) 鈴木英明「明治期以降のラシイの変貌」(「国語国文」五七巻三号、一九八八年三月)。
(22) 鈴木英夫「『ヲ十自動詞』の消長について」(「国語と国文学」一九八六年五月)。
(23) 鈴木英夫「『(人) とあう』という言い方の成立について」(「近代語研究」第九集、武蔵野書院、一九九三年二月)。
(24) 小松寿雄「東京語における男女差の形成―終助詞を中心として」(「国語と国文学」一九八八年十一月)。
(25) 山本正秀『近代文体発生の史的研究』(岩波書店、一九六五年)。
(26) 林巨樹「現代の文体」(『講座国語史』第六巻、一九四二年)。岡本勲『明治諸作家の文体』(笠間書院、一九八〇年)。
(27) 土屋信一「江戸共通語をめぐって」(「香川大学国文研究」一二、一九八七年)。小松寿雄『江戸時代の国語 江戸語』(東京堂出版、一九八五年)。
(28) 森岡健二『近代語の成立―文体編』(明治書院、一九九一年)。
(29) 武部良明『日本速記方式発達史』(日本書房、一九四二年)。福岡隆『日本速記事始―由鎖鋼紀の生涯』(岩波新書、一九七八年)。
(30) 二葉亭四迷『余が言及一致の由来』(現代文学大系1、筑摩書房、一九六七年)。
(31) 古田東朔「口語交付の形成―小学読本における(一)～(三)」(「実践国語教育」一九六一年五月―六二年六月)。
(32) 古田東朔『小学読本便覧』第六巻(武蔵野書院、一九八三年)。

(33) 小島俊夫『後期江戸ことばの敬語体系』(笠間書院、一九七四年)。
(34) 鈴木孝夫『ことばと文化』(岩波新書、一九七三年)。
(35) 辻村敏樹『敬語の史的研究』(東京堂出版、一九六八年)。
(36) 金田弘「東京語に於ける『れる型』敬語の性格」(『日本文学論究』十、一九五二年七月)。
(37) 工藤由美「依頼表現の発達」(『国語と国文学』一九七九年一月)。
(38) 注35前掲書。
(39) 大槻文彦『国語法別記』(復刻、勉誠社、一九八〇年)。
(40) 田村すゞ子「言語分析における職能の取り上げ方―『だろう』『でしょう』を中心として」(『講座日本語教育』第七分冊、一九七一年)。
(41) 原口裕「『デス』の推移―活用法に接続する場合」(『静岡女子大学研究紀要』五号、一九七二年)。
(42) 注35前掲書。
(43) 宮島達夫「近代日本語における単語の問題」(『言語生活』一九五八年四月)。
(44) 国立国語研究所『現代雑誌九十種の用語用字』(秀英出版、一九六二年)。
(45) 注4前掲書。
(46) 池上秋彦「明治期における外国語の輸入について」(明治大学文学部紀要「文芸研究」第二四、一九七〇年)。
(47) 柴田武『生きている方言』(筑摩書房、一九六五年)。

付録

上代国語音韻表（橋本進吉『古代国語の音韻に就いて』附録、昭和十七年〈一九四二〉）

エ

ア行　愛哀埃衣依・榎可-愛荏得

ヤ行　延曳睿叡遙要緣裔・兄柄枝吉江

キ

甲類
〔清音〕支岐伎妓吉棄弃枳企耆祇祁・寸杵服來
〔濁音〕藝岐伎儀蟻祇𡺸

乙類
〔清音〕歸己紀記忌幾機基奇綺騎寄氣既貴癸・木城樹
〔濁音〕疑擬義宜

ケ

甲類
〔清音〕祁計稽家奚鷄雞谿溪啓價賈結・異
〔濁音〕牙雅下夏霓

乙類
〔清音〕氣開既槪概慨該階戒凱愷居擧希・毛食飼消笥
〔濁音〕宜義皚㝵碍礙偈・削

コ

甲類
〔清音〕古故胡姑祜枯固高庫顧孤・子兒小粉籠
〔濁音〕胡呉誤虞五吾悟後

乙類
〔清音〕許己巨渠去居擧虛據莒興・木
〔濁音〕碁其期語馭御

ソ

甲類
- (清音)蘇蘓宗素泝祖巻嗽・十麻磯追-馬
- (濁音)俗

乙類
- (清音)曾層贈增僧憎則賊所諸・其衣襲閼彼苑
- (濁音)叙存鐏鋤序茹

ト

甲類
- (清音)刀斗土杜度渡妬覩徒塗都圖屠・外砥礪戸聰利速門
- (濁音)度渡奴怒

乙類
- (清音)止等登鄧騰縢臺苫澄得・迹跡鳥十與常飛
- (濁音)杼縢藤騰廼耐特

ノ

甲類
- 怒弩努

乙類
- 能乃廼・笑箆

ヒ

甲類
- (清音)比毘卑辟避譬臂必賓嬪・日氷檜負飯
- (濁音)毘毗妣弭寐鼻彌弥婢

乙類
- (清音)非斐悲肥彼被飛秘・火乾簸樋
- (濁音)備眉媚縻・傍

ヘ

甲類
- (清音)幣弊獘蔽敝平鞞覇陛反返遍・部方隔重邊畔家
- (濁音)辨甕謎便別

乙類
- (清音)閇閉倍陪杯珮俳沛・綜瓮缶甕瓲瓱經戸
- (濁音)倍每

ミ	美彌弥瀰弭寐湄民・三参御見視眷水	甲類
	微未味尾・箕實身	乙類
メ	賣咩謎綿面馬・女	甲類
	米毎梅瑇妹昧晩・目眼海-藻	乙類
モ	毛	甲類
	母	乙類
ヨ	用庸遙容欲・夜	甲類
	余與豫餘譽預已・四世代吉	乙類
ロ	漏路露婁樓魯盧	甲類
	呂侶閭廬慮稜勒里	乙類

「文法上許容スベキ事項」（文部省、明治三十八年〈一九〇五〉）

一、「居リ」「恨ム」「死ヌ」ヲ四段活用ノ動詞トシテ用ヰルモ妨ナシ

二、「シク・シ・シキ」活用ノ終止言ヲ「アシシ」「イサマシシ」ナド用ヰル習慣アルモノハ之ニ従フモ妨ナシ

三、過去ノ助動詞ノ「キ」ノ連体言ノ「シ」ヲ終止言ニ用ヰルモ妨ナシ

例　火災ハ二時間ノ長キニ亘リテ鎮火セザリシ　金融ノ静謐ナリシ割合ニハ金利ノ引弛ヲ見ザリシ

四、「コトナリ」(異)ヲ「コトナレリ」「コトナリテ」「コトナリタリ」ト用ヰルモ妨ナシ
五、「、、セサス」トイフベキ場合ニ「セ」ヲ略スル習慣アルモノハ之ニ従フモ妨ナシ
例　手習サス　周旋サス　売買サス
六、「、、セラル」トイフベキ場合ニ「、、サル」ト用ヰル習慣アルモノハ之ニ従フモ妨ナシ
例　罪サル　評サル　解釈サル
七、「得シム」トイフベキ場合ニ「得セシム」ト用ヰルモ妨ナシ
例　最優等者ニノミ褒賞ヲ得セシム　上下貴賤ノ別ナク各其地位ニ安ンズルコトヲ得セシムベシ
八、佐行四段活用ノ動詞ヲ助動詞ノ「シ・シカ」ニ連ネテ「暮シシ時」「過シシカバ」ナドイフベキ場合ヲ「暮セシ時」「過セシカバ」ナドトスルモ妨ナシ
例　唯一遍ノ通告ヲ為セシニ止マレリ　攻撃開始ヨリ陥落マデ僅ニ五箇月ヲ費セシノミ
九、てにをはノ「ノ」ハ動詞、助動詞ノ連体言ヲ受ケテ名詞ニ連続スルモ妨ナシ
例　花ヲ見ルノ記　学齢児童ヲ就学セシムルノ義務ヲ負フ　市町村会の議決ニ依ルノ限リニアラズ
十、疑ノてにをはノ「ヤ」ハ動詞、形容詞、助動詞ノ連体言ニ連続スルモ妨ナシ
例　有ルヤ　面白キヤ　父ニ似タルヤ母ニ似タルヤ
十一、てにをはノ「トモ」ノ動詞、使役ノ助動詞、及、受身ノ助動詞ノ連体言ニ連続スル習慣アルモノハ之ニ従フモ妨ナシ
例　数百年ヲ経ルトモ　如何ニ批評セラルルトモ　強ヒテ之ヲ遵奉セシムルトモ
十二、てにをはノ「ト」ノ動詞、使役ノ助動詞、受身ノ助動詞、及、時ノ助動詞ノ連体言ニ連続スル習慣アルモノハ之ニ従フモ妨ナシ
例　月出ヅルト見エテ　嘲弄セラル、ト思ヒテ　終日業務ヲ取扱ハシムルトイフ　万人皆其徳ヲ称ヘケルトゾ
十三、語句ヲ列挙スル場合ニ用ヰルてにをはノ「ト」ハ誤解ヲ生ゼザルトキニ限リ最終ノ語句ノ下ニ之ヲ省クモ妨ナシ
例　月ト花　宗教ト道徳ノ関係　京都ト神戸ト長崎ヘ行ク
最終ノ「ト」ヲ省クトキハ誤解ヲ生ズベキ例　史記ト漢書(ト)ノ列伝ヲ読ムベシ　史記ト漢書ノ列伝(ト)ヲ読ムベシ
十四、上ニ疑ノ語アルトキニ下ニ疑ノてにをはノ「ヤ」ヲ置クモ妨ナシ

例　誰ニヤ問ハン　幾何ナルヤ　如何ナル故ニヤ　如何ニスベキヤ

十五、てにをはノ「モ」ハ誤解ヲ生ゼザル限リニ於テ「トモ」或ハ「ドモ」ノ如ク用ヰルモ妨ナシ

例　何等ノ事由アルモ（アリトモ）議場ニ入ルコトヲ許サズ　期限ハ今日ニ迫リタルモ（タレドモ）準備ハ未ダ成ラズ
　経過ハ頗ル良好ナリシモ（シカドモ）昨日ヨリ聊カ疲労ノ状アリ

誤解ヲ生ズベキ例　請願書ハ会議ニ付スルモ（ストモ／スレドモ）之ヲ朗読セズ　給金ハ低キモ（クトモ／ケレドモ）応募者ハ多カルベシ

十六、「トイフ」トイフ語ノ代リニ「ナル」ヲ用ヰル習慣アル場合ハ之ニ従フモ妨ナシ

例　イハユル哺乳獣ナルモノ　顔回ナルモノアリ

理由書

国語文法トシテ今日ノ教育社会ニ承認セラルルモノハ徳川時代国学者ノ研究ニ基キ専ラ中古語ノ法則ニ準拠シタルモノナリ然レドモ之ニノミ依リテ今日ノ普通文ヲ律センハ言語変遷ノ理法を軽視スルノ嫌アルノミナラズコレマデ破格又ハ誤謬トシテ斥ケラレタルモノト雖モ中古語中ニ其用例ヲ認メ得ベキモノ尠シトセズ故ニ文部省ニ於テハ従来破格又ハ誤謬ト称セラレタルモノノ中慣用最モ弘キモノ数件ヲ挙ゲ之ヲ許容シテ従来ノ文法ト並行セシメンコトヲ期シ其許容如何ヲ国語調査委員会ニ諮問セシニ同会ハ審議ノ末許容ヲ可トスルニ決セリ依テ自今文部省ニ於テハ教科書検定又ハ編纂ノ場合ニモ之ヲ応用セントス

「これからの敬語」（文部省、昭和二十五年〈一九五〇〉）

まえがき

この小冊子は、日常の言語生活における最も身近な問題を取り上げて、これからはこうあるほうが望ましいと思われる形をまとめたものである。

これからの敬語についての問題は、もちろんこれに尽きるものではない。元来、敬語の問題は単なることばの上だけの問題

でなく、実生活における作法と一体をなすものであるから、これからの敬語は、これからの新しい時代の生活に即した新しい作法の成長とともに、平明・簡素な新しい敬語法として健全な発達をとげることを望むしだいである。

基本の方針

1　これまでの敬語は、旧時代に発達したままで、必要以上に煩雑な点があった。これからの敬語は、その行きすぎをいましめ、誤用を正し、できるだけ平明・簡素にありたいものである。

2　これまでの敬語は、主として上下関係に立って発達してきたが、これからの敬語は、各人の基本的人格を尊重する相互尊敬の上に立たなければならない。

3　女性のことばでは、必要以上に敬語または美称が多く使われている（たとえば「お」のつけすぎなど）。この点、女性の反省・自覚によって、しだいに純化されることが望ましい。

4　奉仕の精神を取り違えて、不当に高い尊敬語や、不当に低い謙そん語を使うことが特に商業方面などに多かった。そういうことによって、しらずしらず自他の人格的尊厳を見うしなうことがあるのは、はなはだいましむべきことである。この点において国民一般の自覚が望ましい。

1　人をさすことば

(1)　自分をさすことば

1）「わたし」を標準の形とする。

2）「わたくし」は、あらたまった場合の用語とする。
付記　女性の発音では「あたくし」「あたし」という形も認められるが、原則としては、男女を通じて「わたし」「わたくし」を標準の形とする。

3）「ぼく」は男子学生の用語であるが、社会人となれば、あらためて「わたし」を使うように、教育上、注意をすること。

4）「じぶん」を「わたし」の意味に使うことは避けたい。

(2)　相手をさすことば

1) 「あなた」を標準の形とする。

2) 手紙（公私とも）の用語として、これまで「貴殿」「貴下」などを使っているのも、これからは「あなた」で通用するようにありたい。

3) 「きみ」「ぼく」は、いわゆる「きみ・ぼく」の親しい間がらだけの用語として、一般には、標準の形である「わたし」「あなた」を使いたい。したがって「おれ」「おまえ」も、しだいに「わたし」「あなた」を使うようにしたい。

2 敬称

1) 「さん」を標準の形とする。

2) 「さま（様）」は、あらたまった場合の形、また慣用語に見られるが、主として手紙のあて名に使う。将来は、公用文の「殿」も「様」に統一されることが望ましい。

3) 「氏」は書きことば用で、話しことば用には一般に「さん」を用いる。

4) 「くん（君）」は男子学生の用語である。それに準じて若い人に対して用いられることもあるが、社会人としての対話には、原則として「さん」を用いる。

付記　議会用語の「某君」は特殊の慣用語である。

5) 職場用語として、たとえば「先生」「局長」「課長」「社長」「専務」などに「さん」をつけて呼ぶには及ばない（男女を通じて）。

3 「たち」と「ら」

1) 「たち」は、たとえば「わたしたち」というふうに、現代語としては、自分のほうにつけてよい。

2) 「ら」は書きことばで、たとえば「A氏・B氏・C氏ら」というふうに、だれにも使ってよい。

4 「お」「ご」の整理

(1) つけてよい場合

1) 相手の物事を表わす「お」「ご」で、それを訳せば「あなたの」という意味になるような場合。たとえば、
お帽子は、どれでしょうか。　ご意見は、いかがですか。
2) 真に尊敬の意を表わす場合。たとえば、
先生のお話　先生のご出席
3) 慣用が固定している場合。たとえば、
おはよう　おかず　おたまじゃくし　ごはん　ごらん　ごくろうさま
おいでになる（すべて「お――になる」の型）　ごらんになる（すべて「ご――になる」の型）
4) 自分の物事ではあるが、相手の人に対する物事である関係上、それをつけることに慣用が固定している場合。たとえば、
お手紙（お返事・ご返事）をさしあげましたが　お願い　お礼　ご遠慮　ご報告いたします

(2) 省けば省ける場合

女性のことばとしては「お」がつくが、男子のことばとしては省いていえるもの。たとえば、
〔お〕米　〔お〕菓子　〔お〕茶わん　〔お〕ひる

(3) 省くほうがよい場合

たとえば、
(お)チョッキ　(お)くつした　(お)ビール　(ご)芳名　(ご)令息　(ご)父兄
(ご)調査された（これは「調査された」または「ご調査になった」が正しい。）
ご卒業された（これは「卒業された」または「ご卒業になった」が正しい。）

5　対話の基調

これからの対話の基調は「です・ます」体としたい。
付記　これは社会人としての一般的対話の基調を定めたものであって、講演の「であります」や、あらたまった場合の「ございます」など、そのほか親愛体としての「だ」調の使用を制限するものではない。

6　動作のことば

動詞の敬語法には、およそ三つの型がある。すなわち、

語例＼型	Ⅰ	Ⅱ	Ⅲ
書く	書かれる	お書きになる	(お書きあそばす)
受ける	受けられる	お受けになる	(お受けあそばす)

第1の「れる」「られる」の型は、受け身の言い方とまぎらわしい欠点はあるが、すべての動詞に規則的につき、かつ簡単でもあるので、むしろ将来性があると認められる。

第2の「お――になる」の型を「お――になられる」という必要はない。

第3の型は、いわゆるあそばせことばであって、これからの平明・簡素な敬語としては、おいおいすたれる形であろう。

7　形容詞と「です」

これまで久しく問題となっていた形容詞の結び方――たとえば「大きいです」「小さいです」などは、平明・簡素な形として認めてよい。

8　あいさつ語

あいさつ語は、慣用語句として、きまった形のままでよい。たとえば、

(おはよう。
おはようございます。　(おやすみ。
おやすみなさい。　いただきます。
ごちそうさま。

（いってきます。
いってまいります。）　いってらっしゃい。

9　学校用語

1) 幼稚園から小・中・高校に至るまで、一般に女の先生のことばに「お」を使いすぎる傾向があるから、その点、注意すべきであろう。たとえば、

（お）教室　（お）チョーク　（お）つくえ　（お）こしかけ　（お）家事

2) 先生と生徒との対話にも、相互に「です・ます」体を原則とすることが望ましい。

付記　このことは、親愛体としての「だ」調の使用をさまたげるものではない。

3) 戦前、父母・先生に対する敬語がすべて「おっしゃった」「お――になった」の式であったのは少し行きすぎの感があった。戦後、反動的にすべて「言った」「何々した」の式で通すのもまた少し行きすぎであろう。その中庸を得たいものである。たとえば「きた」でなく「こられた」「みえた」など。

10　新聞・ラジオの用語

新聞・ラジオの用語として、いちばん問題になるのは、敬称のつけ方である。それについて、

1) 一般に文章・用語がやさしくなり、それにしたがって敬称も「さん」が多く使われる傾向があるのは妥当である。

2) 政治的記事における「氏」の用法も妥当であるが、一面社会的記事において「翁・女史・くん・ちゃん」そのほかの敬称・愛称を、その時、その場、その人、その事による文体上の必要に応じて用いることは認めざるを得ない。

3) 犯罪容疑者に関する報道でも、刑が確定するまでは敬称をつけるのが理想的であるが、たとえば現行犯またはそれに準ずるものなどで、社会感情の許さないような場合に、適宜、これを省略することがあるのもやむを得ないと認められる。

4) 次のような場合には敬称をつけないでよい。

青山荘アパート（責任者中野乙雄）

11　皇室用語

これまで、皇室に関する敬語として、特別にむずかしい漢語が多く使われてきたが、これからは、普通のことばの範囲内で最上級の敬語を使うということに、昭和22年8月、当時の宮内当局と報道関係との間に基本的了解が成り立っていた。その具体的な用例は、たとえば、

「玉体・聖体」は「おからだ」　「天顔・龍顔《りゅう》」は「お顔」　「宝算・聖寿」は「お年・ご年齢」　「叡《えい》慮・聖旨・宸《しん》襟《きん》・懿《い》旨」は「おぼしめし・お考え」などの類である。その後、国会開会式における「勅語」は「おことば」となり、ご自称の「朕」は「わたくし」となったが、これを今日の報道上の用例について見ても、すでに第6項で述べた「れる・られる」の型または「お――になる」「ご――になる」の型をとって、平明・簡素なこれからの敬語の目標を示している。

12　む す び

一般に、社会人としての対話は、相互に対等で、しかも敬意を含むべきである。

この点で、たとえば、公衆と公務員との間、または各種の職場における職員相互の間のことばづかいなども、すべて「です・ます」体を基調とした、やさしい、ていねいな形でありたい。

戦後、窓口のことばや警察職員のことばづかいなどが、すでにこの線に沿って実践されているが、これからも、いっそうその傾向が普遍化することが望ましい。

参考文献

以下には本書の内容と直接かかわりがあり、現在容易に参照しやすい書を選んで掲載してある。紙幅の関係で掲載できず割愛せざるをえなかった書の多いことを残念に思っている。

日本文法史　小林好日　一九三六　刀江書院
国語の変遷　金田一京助　一九四一　日本放送出版協会
国語史概説　湯澤幸吉郎　一九四二　八木書店
国語の歴史　国語学会　一九四八　秋田屋（一九三一改訂版　刀江書院）
国語史要　佐伯梅友　一九四九　武蔵野書院
国語史要説　土井忠生・森田武　一九五五　修分館
日本語の歴史　土井忠生編　一九五七　至文堂
文法史（日本文法講座3）　一九五七　明治書院
国語史概説　永山勇　一九六八　風間書房
国語史概説　松村明　一九七二　秀英出版
国語の歴史　築島裕　一九七七　東京大学出版会
日本語史要説　渡辺実　一九九七　岩波書店
日本語の変遷　山口明穂　一九九七　放送大学教育新興会
国語史論攷　土井忠生　一九七七　三省堂
国語史論集　岩淵悦太郎　一九七七　筑摩書房
国語の論理　山口明穂　一九八五　東京大学出版会
日本語の歴史（全八巻）　亀井孝他編　一九六四―六六　平凡社
岩波講座　日本語（全一三巻）　大野晋・柴田武編　一九六八　岩波書店
日本語の世界（全一六巻）　一九七二　中央公論社
講座　国語史（全六巻）　一九七一　大修館書店
国語学叢書（既刊九冊）　一九八五　東京堂書店
口語法別記　大槻文彦　一九一七　国語調査委員会
国語音韻史　橋本進吉　一九六六　岩波書店
国語音韻史の研究　有坂秀世　一九四四　明世堂
日本語音韻の研究　金田一春彦　一九六七　東京堂出版
日本語の史的研究　浜田敦　一九八四　臨川書店
日本語文章史　江湖山恒明　一九五六　河出書房
文章と表現　阪倉篤義　一九七五　角川書店
係結びの研究　大野晋　一九九三　岩波書店
日本語表現の流れ　阪倉篤義　一九九三　岩波書店
国語語彙の歴史的研究　佐藤喜代治　一九七一　明治書院
日本の漢語　佐藤喜代治　一九七九　角川書店

助詞の歴史的研究　石垣謙二　一九五五　岩波書店
敬語の史的研究　辻村敏樹　一九六八　東京堂出版

日本語の系統　白鳥庫吉　一九五〇　岩波書店
日本語の系統　服部四郎　一九五九　岩波書店
日本語の起源　大野晋　一九五七　岩波書店

上代のことば　馬淵和夫　一九六八　至文堂
古代国語の音韻に就いて　橋本進吉　一九四二　明世堂
文字及び仮名遣の研究　橋本進吉　一九四九　岩波書店
上代音韻攷　有坂秀世　一九五五　三省堂

上代語の研究　橋本進吉　一九五一　岩波書店
奈良朝文法史　山田孝雄　一九二〇　宝文館
奈良時代の国語　佐伯梅友　一九五〇　三省堂
万葉語研究　佐伯梅友　一九三八　文学社
上代国語法研究　佐伯梅友　一九六六　大東文化大学東洋研究所
古代日本語文法の成立の研究　山口佳紀　一九八五　有精堂
萬葉集大成　言語篇　一九五五　平凡社
古事記大成　言語文学篇　一九五七　平凡社

平安朝文法史　山田孝雄　一九一三　宝文館
平安時代語新論　築島裕　一九六九　東京大学出版会
平安貴族社会の女性と言語　森野宗明　一九七七　有精堂

平安文学語法論　青島徹　一九八五　笠間書院
古代接続法の研究　山口堯二　一九八〇　明治書院
日本語疑問表現通史　山口堯二　一九九〇　明治書院
王朝女流文学のことばと文体　根来司　一九八八　有精堂
平安文学の文体の研究　山口仲美　一九八四　明治書院
平安朝文章史　渡辺実　一九八一　東京大学出版会
仮名文の原理　小松英雄　一九八八　笠間書院
西大寺本金光明最勝王経古点の国語学的研究　春日政治　一九四二　岩波書店
訓点資料と訓点語の研究　遠藤嘉基　一九五二　中央図書出版社
古点本の国語学的研究　中田祝夫　一九五四　講談社
古訓点の研究　春日政治　一九五六　風間書房
訓点語の研究　大坪併治　一九六一　風間書房
平安時代の漢文訓読語につきての研究　築島裕　一九六三　東京大学出版会
平安時代古記録の国語学的研究　峰岸明　一九八六　東京大学出版会
平安女流文学の文章の研究　根来司　一九六九　笠間書院

院政期言語の研究　山田巌　一九八二　桜楓社
自敬表現の歴史的研究　西田直敏　一九九五　和泉書院
平安鎌倉時代における漢籍訓読の国語史的研究　小林芳規　一九六七　東京大学出版会
中世仮名文の国語史的研究　小林芳規　一九七一　広島大学文学部紀要
近古の国語　土井忠生　一九三四　明治書院
日本語法史　鎌倉時代編　岩井良雄　一九七一　笠間書院
平家物語の語法　山田孝雄　一九一四　国語調査委員会
平家物語の文体論的研究　西田直敏　一九七八　明治書院
平家物語の国語学的研究　西田直敏　一九九〇　和泉書院
中世文語の研究　根来司　一九七六　笠間書院
中世国語における文語の研究　山口明穂　一九七六　明治書院
日本語法史　室町時代編　岩井良雄　一九七三　笠間書院
室町時代語の表現　寿岳章子　一九八三　清文堂
室町時代語論攷　森田武　一九八五　三省堂
外国資料と中世国語　安田章　一九八九　三省堂
国語史の中世　安田章　一九九六　三省堂
室町時代の言語研究　湯澤幸吉郎　一九二九　大岡山書店
中世のことばと資料　小林千草　一九九四　武蔵野書院
室町時代語資料による基本語詞の研究　柳田征司　一九九一　武蔵野書院
キリシタン文献の国語学的研究　小島幸枝　一九九四　武蔵野書院
玉塵抄を中心とした室町時代語の研究　出雲朝子　一九八二　桜楓社
吉利支丹語学の研究　土井忠生　一九四一　靖文社
吉利支丹文献考　土井忠生　一九六三　三省堂
国語史　近世篇　湯澤幸吉郎　一九三七　刀江書院
徳川時代言語の研究　湯澤幸吉郎　一九三六　刀江書院
江戸言葉の研究　湯澤幸吉郎　一九五四　明治書院
国語待遇表現体系の研究　山崎久之　一九六三　武蔵野書院
江戸語東京語の研究　松村明　一九五七　東京堂出版
近代の日本語　松村明　一九七一　桜楓社
近代日本語の成立　杉本つとむ　一九六〇　桜楓社
洋学資料と近代日本語の研究　松村明　一九七〇　東京堂出版
東京語の性格　中村通夫　一九四八　川田書房
東京語　田中章夫　一九八三　明治書院
明治時代語の研究　進藤咲子　一九八一　明治書院
東京語成立史の研究　飛田良文　一九九二　東京堂書店
現代語法の諸問題　湯澤幸吉郎　一九四四　日本語教育振興

会
現代語の助詞・助動詞　国立国語研究所　一九五一　秀英出版
現代語助動詞の史的研究　吉田金彦　一九七一　明治書院
国語史から見た近代語　池上秋彦　一九九六　東宛社
近代訳語考　広田栄太郎　一九六九　東京堂出版
近代語の成立　語彙篇　森岡健二　一九六九　明治書院
近代語の成立　文体篇　森岡健二　一九九一　明治書院
現代語彙の研究　西尾寅弥　一九八八　笠間書院
近代文体発生の史的研究　山本正秀　一九六五　岩波書店
言文一致の歴史論考　山本正秀　一九七一　桜楓社
文章読本　中村真一郎　一九七五　文化出版局
日本速記方式発達史　武部良明　一九四二　日本書房
五十音図の歴史　山田孝雄　一九三八　宝文館
五十音図の歴史　馬渕和夫　一九九三　大修館書店
仮名遣の歴史　山田孝雄　一九二九　宝文館
漢文の訓読によりて伝へられたる語法　山田孝雄　一九三五　宝文館
国語の中に於ける漢語の研究　山田孝雄　一九四〇　宝文館

あとがき

本書では、奈良時代から現代まで日本語がどのように変遷したかを明らかにすべく編んだものである。大学の教材として、あるいは、日常の読み物としても役立つことを求めた。

ことばの変遷を記述するには、語を単位にその変遷を説く、テーマを設けてそれについて述べる等、種々の方法がありうるが、本書では最も普及した方法に従い、各時代に分けるという方針を採用した。それが誰にも身近なものであり、それだけに理解しやすいと考えたからである。記述の内容は、最近の研究成果を踏まえ、新しい考えを随所に示しえたと信じている。

各時代の分担は次のとおりである。

奈良時代　月本雅幸
平安時代　山口明穂（但し、漢文訓読語については月本雅幸が執筆した）
鎌倉・室町時代　山口明穂
江戸時代前期　坂梨隆三
江戸時代後期　坂梨隆三
明治時代以降　鈴木英夫

作業は各執筆者の原稿をもとに随時会合をもち、各自希望を述べつつ、内容の検討・調整を行なった。各執筆者は寄せられた意見にもとづき、最終的な判断を下すことにした。内容についての責任は各執筆者が分担するものであるが、また、全員の共同の作業の結果であるといえる。そのうえに立って、執筆の都合上、内容の重複などを含めた細部の記述の問題が残ることはやむをえないこととした。これは各執筆者の研究の個性を尊重したからでもある。

各時代とも、記述に際してはできるかぎりの実例を引用した（本文の引用は主に「日本古典文学大系」に拠りつつ、表記については読みやすさを考え、適宜改めている。なお、それ以外の本文依拠についての詳細な表示は、書物の都合上、割愛せざるをえなかった）が、これは実際のことばの姿ができるだけ分かるように考えたからである。

本書によって、過去の日本語が身近なものとなり、日本語の今日までの経過、さらには、それを通して日本的な物の考え方を理解する一歩となればと念願している。

一九九七年十月二十七日

執筆者一同

な　行

は　行

ま　行

や　行

ら　行

わ　行

ん

索　引

あ 行

か 行

さ 行

た 行

山口明穂（やまぐち　あきほ）1935年，横浜に生まれる．1959年，東京大学文学部卒業．1985年，東京大学文学部教授．現在，東京大学名誉教授．主著『中世国語における文語の研究』（明治書院），『国語の論理』（東京大学出版会）

鈴木英夫（すずき　ひでお）1934年，茨城に生まれる．1963年，東京大学大学院修了．前白百合女子大学文学部教授．主著『新国語概説』（くろしお出版），『日本語の変遷』（共著，放送大学教育振興会）

坂梨隆三（さかなし　りゅうぞう）1941年，熊本に生まれる．1969年，東京大学大学院修了．現在，帝京大学文学部教授，東京大学名誉教授．主著『江戸時代の国語　上方語』（東京堂），『近世語法研究』（武蔵野書院）

月本雅幸（つきもと　まさゆき）1954年，福岡に生まれる．1977年，東京大学大学院修了．現在，東京大学大学院人文社会系研究科教授．主著『高山寺古点訓資料第三』（共著，東京大学出版会），『石山寺の研究　深密蔵聖教編』上下（共編，法蔵館）

日本語の歴史

1997年12月15日　初　版
2011年 6 月10日　10　刷

［検印廃止］

著　者　山口明穂・鈴木英夫
　　　　坂梨隆三・月本雅幸

発行所　財団法人　東京大学出版会

代表者　渡辺　浩

113-8654　東京都文京区本郷7-3-1
電話　03-3811-8814・振替 00160-6-59964

印刷所　株式会社理想社
製本所　株式会社島崎製本

ISBN 978-4-13-082004-2　Printed in Japan

本書はデジタル印刷機を採用しており、品質の経年変化についての充分なデータはありません。そのため高湿下で強い圧力を加えた場合など、色材の癒着・剥落・磨耗等の品質変化の可能性もあります。

日本語の歴史

2020年11月20日　発行　①

著　者　山口明穂・鈴木英夫・坂梨隆三・月本雅幸
発行所　一般財団法人　東京大学出版会
代 表 者　吉見俊哉
〒153-0041
東京都目黒区駒場4-5-29
TEL03-6407-1069　FAX03-6407-1991
URL　http://www.utp.or.jp/
印刷・製本　大日本印刷株式会社
URL　http://www.dnp.co.jp/

ISBN978-4-13-009146-6
Printed in Japan